手机就能做的50种网上生意

实用有效的50种手机赚钱法，试试你能赚多少！

张奕◎著

黑龙江教育出版社

图书在版编目（CIP）数据

手机就能做的50种网上生意/张奕著.--哈尔滨：黑龙江教育出版社，2017.2（2018.4重印）
（读美文库）
ISBN 978-7-5316-9136-5

Ⅰ.①手… Ⅱ.①张… Ⅲ.①移动电话机－网络营销 Ⅳ.①F713.365.2

中国版本图书馆CIP数据核字(2017)第041205号

手机就能做的50种网上生意
Shouji jiunengZuo De 50zhong Wangshang Shengyi
张 奕 著

责任编辑 宋怡霏 张 鑫
封面设计 久品轩
责任校对 雷书义
出版发行 黑龙江教育出版社
（哈尔滨市群力新区群力第六大道1305号）
印 刷 保定市西城胶印有限公司
开 本 880毫米×1230毫米 1/32
印 张 7
字 数 140千
版 次 2017年7月第1版
印 次 2018年4月第2次印刷

书 号 ISBN 978-7-5316-9136-5 定 价 26.80元

黑龙江教育出版社网址：www.hljep.com.cn
如需订购图书，请与我社发行中心联系。联系电话：0451-82533097 82534665
如有印装质量问题，影响阅读，请与我公司联系调换。联系电话：010-64926437
如发现盗版图书，请向我社举报。举报电话：0451-82533087

前 言

Preface

移动互联网时代“指尖创富”的生意经

2016年，B20峰会上马云提出了一个eWTP构想：“有一只手机就可以全球买、全球卖，如果有二三十亿年轻人通过手机就能做生意，全球经济将会发生天翻地覆的变化。”马云的构想其实已经在慢慢变成现实。比如，移动互联网的浪潮来了，越来越多的人开始在手机上赚钱做生意，原有一根网线、一台电脑的住家网上生意模式已经开始被颠覆。

提到做生意，你还在想着租店面、办营业执照、租库房；提到兼职赚钱，你还在想着发传单、摆地摊，那么你就太落伍了！随着智能手机的普及，很多人已经开始靠着一部智能手机做生意赚钱了：用手机扫一次商品条形码就能赚2元，用手机拍1分钟视频能赚50元，体验一款游戏1元入账，答一个调查问卷有10元奖励，把商品信息分享到朋友圈能赚得一笔佣金……这些简单的任务利用你的零碎时间就能完成，动动手指就能得到相应的报酬。这类手机赚钱的方法是怎么实现的呢？适用人群是谁？怎样才能赚到更多钱？

一般来说，手机赚钱APP主要包括3种：一是广告类，主要通过广告的点击与分享赚钱，锁屏类软件、游戏试玩、体验达人、广告联盟、淘宝客推广等都属于这一类，这类赚钱方法操作简单，模式清晰，收益较高；二是通过完成任务赚钱，调查问卷、威客接单、商店扫码、百度经验撰写等获得收益，按完成任务的数量、质量或点击率计费，这类任务的酬金相对较高，比较专业的设计及咨询报酬可达数千或数万元；三是销售产品赚钱，微店分销、开淘宝店、微店等，结合微信公众号、论坛、淘宝客等渠道，只要做好营销，利润将会非常可观。

这些手机赚钱方式在学生群体和年轻白领中非常流行，有大批具有专业技能的年轻人也参与其中，并从中赚取了可观的收益。而现在，用手机做生意、用手机赚钱其实才刚刚起步，赚钱的方式虽然多种多样，但模式大同小异，相信随着时间的推移，手机赚钱的方式会越来越多，也会有更多的人参与进来。

《手机就能做的50种网上生意》精粹了50种小成本或零成本可做的手机赚钱生意，这些项目很多都是利用你的碎片化时间，兼职可做，但是回报却非常丰厚。本书既有流程指南，又有操作讲解，让初涉手机网赚者也能轻松上手，是一本写给网赚族的全面指导书，适合所有想通过移动互联网赚钱的人阅读。

目 录

Contents

第一部分

轻松网赚族：如何在手机上做生意

1. 手机上做生意，硬件先行

手机上做生意，就是把互联网（Internet）作为展示自己商品的平台，为自己所出售的服务或商品寻找买家。手机上做生意具有手续简便、投资小、回收快、风险低、节约资金、营业时间不受限制、地理位置不受限制、店面大小不受限制等优势，是一种前卫而又时尚的赚钱方式，备受人们特别是年轻一族的追捧。

而在我们开始之前，需要确定是否已经装备好了手机之外的其他必要硬件：

一台能正常上网的电脑。虽然手机上做生意主要是瞄准移动互联，但是在某些项目中，我们有时会需要用电脑来上传图片和其他所有商品信息，同时要用电脑通过网络与消费者取得联系、进行沟通，因此一台电脑是必须的。这里要提示的是，要选择网速够快的上网方式，如果通过拨号上网或是无线网卡上网，就会由于网速过慢而出现图片传送超时失败的情况。建议选择网速比较快的ADSL上网。

一部像素较高的数码相机。在“颜值就是一切”的时代，我们要让客户能清楚地看到商品。在选购数码相机的时候，千万不要只图价格便宜，一定要根据自己所销售的商品来选择相机。如果你要经营的是手工艺品，或者是其他对照片清晰度要求很高的商品，就要选择像素很高的数码相机，这样才能拍出清晰的照片。照片不清楚就不能充分展示自己的商品，将会影响商品的销售。

当然，这些必备硬件在网上都可以购买到，你可以根据个人的实际经济情况，选择自己最需要的硬件产品，只要留意，一定可以淘到物美价廉的东西。

2. 什么样的人最适合做网上生意

1.与时俱进、头脑灵活的人

移动互联网时代做生意与传统实体生意完全不同，新事物不断涌现，赚钱的方法不断更新，要赚钱就必须与时俱进，紧跟潮流，呆头呆脑，墨守成规的人很难赚到钱。

2.办事能力和办事效率很强的人

一旦有赚钱的生意马上一步一个脚印地去做，要付诸于行动，敢做、敢干，只有这样才能抓住机会。

3.不安于现状，不断努力的人

一天三顿饱，老婆孩子热炕头的人，觉得一辈子捧着铁饭碗的人，永远没有赚钱的机会。“够用就行，要那么多钱干嘛。”这句话是那些不会乃至赚不到钱的人聊以自慰的名言。

4.真正受过穷的人

就像貌不惊人的男人，一心一意追求漂亮的女孩，往往能成功。受过穷的人因为感受过了贫穷的切肤之痛，而越有赚钱的欲望和精神。

5.有人生财富目标的人

一个人单调的上下班，把固定的工资存在银行，年复一年，到头来也攒不了很多钱，想赚大钱就要立志经商，而且目标也要水涨船高。选定10万、20万、100万元为奋斗目标，拥有1000万元才算是富翁。

6.抛弃面子的人

想发财要不怕羞，当你向别人介绍你售卖的产品时，当你做营销推广时，不要怕被别人看不起。

7.勤奋好动的人

多看、多想、多做，超越常理，出奇制胜，鬼点子越多越能赚钱。

8.最能创新的人

做生意第一要诀，就是眼光独到，想别人没想的事，走在别人前面，让别人在后面追。例如，你发现一种生意刚刚出现，判断自己现在加入一定能够赚到钱，那么就要抓紧进入。等把市场铺开了，别人跟风就晚了。因为你既已赚到了商品的钱，又赢得了客户。

9.很有自信的人

无论做什么事，首先要有信心，相信自己是最优秀的、最棒的。这样你就能把自己最大的潜能发挥出来。信念是通向经商致富路上的指明灯。

10.个性豪爽的人

成功的企业家或商人都是爽快的人，办事豪爽，干净利落，不拖泥带水。

11.善于冒险、果断的人

办事果断，凭胆量论成败。譬如，有一座独木桥，桥对面有一片丰硕的果林，果实又大又好，胆大的人凭胆量快速走过独木桥，摘到很多硕果；而胆小的人，不敢过桥，没有摘到一枚硕果，有的即使慢慢过去，也只能捡到一些烂果、小果。

12.善于学习总结的人

在平时经商中，多与人交流，听取别人的意见和想法，不断总结以丰富自己的经商经验。

13.能吃苦耐劳的人

做生意1年365天都不见休息，风里来雨里去，生活没有规律，搬运货物相当辛苦，但请你相信天道酬勤的道理。

14.不断进取的人

遇到挫折不屈不挠，哪里摔到了就在哪里爬起来。例如，你做一次不成功，那么两三次，哪怕做99次不成功，第100次你成功了，那你这一生就是一个成功的人。

15.善于抓住机遇的人

在生活中、在自己的身边，往往有很多机遇，只是由于疏忽而没有发现，让机遇溜掉，或者是让别人发现并实施了。所以，在平时生活中，对周围的事物多看，多想，多做，对自己发现创造的机遇有很大的帮助。

16.珍惜时间的人

浪费时间就等于浪费财富。对于经商的人来说，时间就是金钱，一点都没错，赚钱靠的是珍惜时间、利用时间，天天早睡晚起做懒汉是赚不到更多钱的。人的生命是有限的，特别是在年轻力壮、思维敏捷的年轻阶段，应该多创造财富为老来享用。

3.8种做生意必须有的好心态

1.付出的心态

做任何事情都要努力，想得到任何成功都要先付出。付出和得到是因果关系，付出的本身就是收获。一分耕耘一分收获，付出不一定有回报，不付出就一定没有回报，就意味着一败涂地。

2.老板的心态

做事的心态决定了一个人的成败，当你以老板的心态做生意，想到不应该仅仅是每个月能赚多少钱，而且应该有更多的分析，分析你的经营状况、得失和可能存在的风险。

3.共赢的心态

李嘉诚曾经说过："假如一笔生意盈利10％是合理的，也许通过努力还可以赚取11％的利润，我往往会站在对方的立场上考虑，最后只取得9％的利润就可以了。"如果你也能以这种共赢的心态做生意，财富也越来越多。

4.积极的心态

人的心态有积极和消极之分，一个人要保持激情和活力，就要心态积极。心态消极的人，无论如何都挑不起生活的重担，因为他们无法直面一个个人生挫折，而心态积极者即使在困难中，也不放弃成功的希望。

5.务实的心态

做生意一定要务实，不要眼高手低，要认真做好每一件小事。请相信，每一个成功的生意人都是从小事做起，把一件小事做到极致，最终就将走向成功！

6.空杯心态

这是一种挑战自我、永不满足的心态，无论做事、做人还是做生意，如果想学到更多的东西，获得更多的收获，都要先要把自己想象成“一个空着的杯子”，而不是骄傲自满，故步自封。

7.成长的心态

抱有成长的心态，就意味着你认为，能力是可以发展的；通过努力进取，你可以随着时间推移而变得更聪明、更优秀，直至走向成功。反映到实际生活中，就是做事不怕出错、不怕失败，在坚持中不断成长。

8.竞争的心态

现代社会是充满竞争的社会，我们必须承认这一点，因此做生意一定要培养出良好的竞争心态。首先是要笑迎挑战，勇于竞争，其次是要努力充实自己。

4. 不会推广就做不好生意

在手机上做生意，一定要会做推广，无论你做微商还是淘宝店都是如此。在浩如烟海的网络中如何吸引大家关注你的店铺，增加网店的客流量是你做好生意的前提，店铺的浏览量就是大家对店铺的关注度，也相当于实体店铺的客流量。

网店由于资金限制，先期不可能做什么媒介广告，只能采取费用低廉的网络宣传模式。可以在各类相关热门论坛发帖，介绍推荐你的产品，这是扩大知名度、提高关注度的重要宣传手段。也可以在网络上收集潜在顾客的E-mail，给他们发电子邮件推荐你的产品，这也是一个有效的推广方法，但需要特别提醒，宣传文案尤其是标题一定要能吸引人，让人产生进一步了解的强烈兴趣，这是电邮营销的关键。

网络上曾有一个没有作者署名的名为《网店推广三十六计》的帖子，里面讲到了一些颇为实用的推广技巧：

第一计：社区发帖回帖

这个不用多说了吧，所有人都知道的，发帖回帖是所有卖家提高店铺浏览量的最常用手段，具体效果因“帖”而异，有的人一篇帖子能带来数百甚至上千的浏览量，而有的人发了几十个帖子，带来的浏览量却寥寥无几。所以不能光看数量，最重要的是帖子的质量。

第二计：到其他论坛发软广告

除了淘宝社区，禁用词语论坛也应该多去逛逛，顺便发几个小广告，也能提高一下小店的知名度，为你的小店带来一定的流量。不过发广告可要注意了，现在许多论坛都反感广告，直接去发广告的话，会被删帖的，那你的辛苦就白费了。可以采用比较含蓄的办法发广告，写个帖子，内容丰富一些，然后再其中透露出广告信息，这样就大大避免了被删帖的可能啦。

第三计：友情链接

什么是友情链接？“友情”链接是建立在友情的基础上的，别人和你不认识，不了解，为什么你要求别人就要加你呢？别人可能是钻石信誉，你可能是新人，别人没有理由相信你。所以和认识的人互换链接是最可靠的。如果和钻石交换链接，可以动之以情、晓之以理，告诉对方你的诚意、你的信心，你们链接后的互利，你将帮助他推广等，一般人是不会拒绝的。

第四计：宝贝上架时间

买家在淘宝贝的时候，淘宝的默认排序方式是按下架时间来排的，越接近下架的宝贝越排在前面，容易被买家看到。因此就努力让自己的宝贝在人气最旺的时候接近下架，那么要控制宝贝的下架时间，当然只能从上架时间着手咯，所以上宝贝的时候最好选择人气较旺的时候上宝贝！

第五计：合理设置宝贝名称

宝贝名称尽量多包含热门搜索关键词（要跟你的宝贝有关，不然算违规），这样能增加宝贝被搜索到的概率，自然也增加了被买走的几率。

第六计：用好橱窗推荐

千万不要让你的橱窗推荐空着不用啊，使用了橱窗推荐的宝贝比没有使用橱窗推荐的宝贝更容易被买家搜索到，而且几率大好几倍！一定要推荐快下架的宝贝，最好是既漂亮又便宜的宝贝。这样买家才更有兴趣到你的店里来逛逛。

第七计：利用好评价管理

评价管理包括你给买家的评价和买家给你的评价。在给买家评价的时候，可以适当地打一下小广告，反正又不花钱又不费事，能起到一定的宣传效果，何乐而不为呢？同时买家给你评价以后，你可以充分利用解释的地方做宣传广告，并不是只有中评、差评的时候才需要解释，好评的时候你更应该好好利用这个机会进行宣传，因为许多聪明的买家在买你的东西之前都会看一下评价，这里如果有广告信息的话，嘿嘿，效果非常好哦！

第八计：利用店铺留言进行宣传

在自己的店里是可以随便留言的，在这里把你的优势和促销信息写出来，买家到你店里之后就有可能看到这些信息，增加购买的几率。另外，还可以跑到别人的店里去留言哦，不管认不认识，进去先看一下人家卖的产品，然后留言夸一下掌柜人好啦，东西漂亮啦，紧接着就是你的广告信息，嘿嘿，这家店有客人来的时候就可能看到你的留言信息哦，说不定被吸引到你店里来呢！

第九计：用好宝贝描述模板

现在卖宝贝描述模板的卖家非常得多，很容易找到价格实惠又漂亮的描述模板，但是许多人只追求模板要好看，而忽略了描述模板的另一个重要作用。

选宝贝描述模板一定要选侧面可以插图的模板。这样你在对某一件宝贝进行描述的时候，就可以在侧面插入其他宝贝的图片和链接。买家在查看宝贝描述的时候，就会顺便点击旁边感兴趣的宝贝，增加你的宝贝被浏览的几率哦，否则的话，很多买家看了这个页面就直接走了，不会看店里其他的东西的。因此，用好宝贝描述模板是非常重要的。

第十计：登录各大搜索引擎

只需要找到各大搜索引擎的入口，填一下你的店名和地址，直接一提交就OK了。1分钟都用不了，多么简单的事呀！

第十一计：加入旺旺群

加入旺旺群的好处有很多哦，最直接的就是能提高你的知名度，经常在群里说话露脸，大家对你熟悉了，自然偶尔也会到你店里去看看，想买的时候自然也就想起到你的店了，而且还可能给你介绍买家来哦！不过加群也要有选择性地加，有些群就像个死群，从来没人说话，那样的群加进去也没意思了。所以加群要选择活跃的群加，在群里混熟了，跟大家聊天的时候偶尔发发广告效果也不错。但是如果一进群就发广告，那样就很容易引起别人的反感。

第十二计：群发信息

利用旺旺、QQ、微信等聊天工具给别人发广告。但是要适度，千万要把握好，不然一发广告就被拉黑了，那可就得不偿失了。特别是旺旺上要注意少发，其他的聊天工具可以多发。

第十三计：利用旺旺状态信息

你的旺旺状态还是“我有空”吗？赶紧改改吧，把它改成“上新货了！”或者“特价促销，8折优惠了！”或者“满29.9元包邮了！”等一系列的促销信息或者广告信息，这样买家才能更容易的看到你的最新状态，如果够诱人的话，自然就到你的店里来了。

第十四计：邮件广告

利用电子邮件，给每一个你知道的地址发一封邮件，当然开头要问候一下对方的近况，或者写些关心的话，随后附上你开淘宝店的消息，写上你经营的产品和店铺地址等。对方回不回信不要紧，只要他收到信看了，就达到你的目的了。

第十五计：组织亲友帮你宣传

长这么大了，认识的朋友不少了吧？从小学到初中，再到高中大学，同学也不少吧？那么动员起来吧，叫他们也帮你宣传一下哦！说不定他们的朋友当中有不少的买家呢。这么大一张关系网，不好好利用不是浪费吗？

第十六计：散发名片或宣传单

现在印宣传单也便宜，一张几分钱，印好了以后到潜在顾客群比较集中的地方散发，如学校附近等。针对不同的产品，面对的客户不一样，所以应用此计时要找对地方。

第十七计：加入商盟

加入商盟的好处多多。商盟可比群大多了，里面人气也比较旺，跟大家成为朋友，也就多了不少潜在顾客，而且当盟友的顾客需要购买的产品正好你店里有的话，盟友会给你介绍过来的。而且加入商盟以后，买家会觉得我们的店铺更有保障。

第十八计：个人空间管理

个人空间也是你店铺的一部分哦！不要只装修店面而不装修空间。有注意过你的空间有多少人访问吗？当有人进入到你空间的时候，就好像走到了你的店门口，进不进你的店，那就看你的大门口有没有装修好啦。你自己的空间是可以随便发广告的，把你的宝贝图片做得漂漂亮亮的，再写一些比较让人感兴趣的描述，等有人到你空间来看的时候，就好像是在店里看宝贝一样，等于把逛空间的朋友变成了逛店铺的买家。当然，空间里不能全是让人索然无味的广告，宣传词语加一些内容，让你的空间丰富多彩，别人来了一遍还想来第二遍，就更完美了。

第十九计：赚银币抢广告位

社区广告位的效果还是很明显的。每天论坛里的人不知有多少万，能在这里做广告，效果可不是一般的好！不过抢广告位也不容易，抢的人太多不说，还要好多银币呢，新手赚银币不容易，想写精华帖吧，不知道写啥；想回答问题赚银币吧，好像那些问题自己都不知道；只能靠参加活动来赚取银币。不过话又说回来，为了能上社区的广告，辛苦点也值得！不经一番寒彻骨，哪得梅花扑鼻香？

第二十计：关注求购信息

经常到求购区去看看，有没有人求购的宝贝是你店里有的。运气好的话，能找到好多顾客哦，即使你店里没有买家求购的东西，也能发现不少潜在顾客，把他们都加为好友吧，顺便推销一下跟他求购的宝贝差不多的东西，很容易成交的。

第二十一计：多搞促销活动

节日快到啦，买家们可都希望在节日的时候买到特价商品哦，看看你的店里有特价的吗？如果没有，肯定没人光顾，赶紧挑几件物美价廉的宝贝搞促销吧，钱少赚点没关系，信誉上去了，而且薄利多销，人气旺了，以后的生意也好做！不一定要等节日的时候才可以搞促销，平时也多搞促销活动拉人气，只有人气旺了，生意才会越来越红火。

第二十二计：敢用一元拍

一元拍确实让新卖家们又爱又恨呀，爱的是能吸引人气，恨的是经常亏的血本无归。不过公认的一元拍能为你带来不少好处，所以要敢用一元拍，拍之前多学学经验，看看人家是怎么拍的，自己学会了就不至于亏得太多。

第二十三计：参加群拍卖

群拍卖跟一元拍效果差不多，不过见效快，几分钟就能看到拍卖结果。聚集人气也非常迅速有效，店铺浏览量能瞬间提升，效果喜人。而且一下子能认识了很多潜在买家，虽然拍卖的东西只有一个，却发现了好多潜在顾客，要好好想想办法把潜在的顾客变成实际顾客。

第二十四计：发红包，抵价券，送小礼物

此计效果也很好，是一个不错的方法。

第二十五计：建立会员折扣制度

想让第一次上门的顾客变成老主顾吗？把买家设置为会员，以后来买东西给优惠，这样到他下次想买这个东东的时候，自然又会到你的店里来了。

第二十六计：访问老顾客

想让买家变成回头客，经常联系拜访是必需的。每到节日，或者买家生日之类的特殊日子，一定要记得给买过你东西的买家们发个信息，祝福他们节日快乐哦。让他们感受到你的真心、关怀和温暖，这样他们也会把你记在心里，再到需要买东西的时候，就会自然的想起你。如果不到你店里买，他心里都会过意不去的。长此以往，建立稳定的顾客群，生意才能持之以恒。

第二十七计：超级买家秀

当买家收到你发去的宝贝以后，要及时地跟买家联系，看他们对货物满意不满意，如果不满意，则要弄清楚为什么不满意，并找到解决的办法。及时地跟踪和交流能挽救很多因误会而产生的中评或者差评，保持店铺良好的信誉度；如果买家对你的宝贝很满意，那你就可以请买家们帮你做宣传了，把买到的宝贝放到社区的超级买家秀专区秀出来，让大家都知道你的宝贝好！这就是所谓的口碑宣传，你自己打的广告说产品质量多好多好人家未必信，但是由买家写出来的使用感受，那可是更令人信服的哦！其宣传效果比你自己做广告强多了！这个方法效果好，而且不用花钱，值得一试！

第二十八计：建立详细的客户资料

当你的买家越来越多的时候，是不是觉得很难记住这么多买家的信息呢？是不是有时候某个买过你东西的买家给我们发信息来了，却想不起他是谁呢？注意了，出现这种状况可是很危险哦！买家会觉得你不重视他，下次再也不会到你的店里来买了！多么可悲的事情啊，坚决不能让这种事情发生！于是你就要建立完善的客户资料，不仅要记下买的是什么东西，还要写下什么时候买的，买了以后感觉如何，满意不满意，有哪些对方下次需要注意的等等这些信息，都要记录下来，等下次这个买家再来的时候，你就清楚地知道该怎样为这个上帝服务。这样，才能长久地留住老客户。

第二十九计：寻找同行卖家的顾客

这一计说起来有点不太光彩，说得难听点就是挖别人的墙角。不过商场如战场，同行之间抢顾客也是在所难免的。到同行的店里去看看，跟买过他东西的买家联系，以更优质的产品、更优惠的价格、完善的服务去争取顾客，将同行的顾客变成自己的顾客。

第三十计：淘宝客推广

在收费推广中，淘宝客推广算是门槛比较低的了，目前把要求降到了三心，也就是说只要达到三心就可以请淘宝客推广你的宝贝了，以前可是要一钻以上的。这对所有的新卖家来说可真是个好消息，你够三心了吗？赶快去加入吧，效果很好，价格也不贵。

第三十一计：威客推广

利用威客任务网站，发布一些关于网店装修，或与所出售商品相关的任务，达到炒作目的，让更多人得知你的网站。

第三十二计：赞助社区活动，提供奖品

经常在社区各个板块都能看到有征集奖品的主题帖，凡是符合要求提供奖品的卖家，将会获得相应论坛首页醒目位置的广告位，到时候该板块的掌门护法会把你的店铺、产品链接放在最醒目的位置，为你做店铺推广哦。此计不需要另外付钱，只需要提供一定数额的商品给淘宝，就能获得推广。有兴趣的可以在论坛各版块多找找。

第三十三计：阿里妈妈

阿里妈妈是一个专门出售广告位的交易平台，大家都知道许多网站都是靠广告赞助方式盈利的，因此卖家们如果需要在别人的网站上打广告的话，只需要支付相应的费用就可以。

一般来说，在阿里妈妈上出售广告位的多数是些小网站，费用相对较低，几元到几十元就可以购买1周甚至1个月的广告位。具体费用是多少，则根据网站的流量不同而价格不同。

第三十四计：雅虎直通车

相信大部分卖家对雅虎直通车都不陌生了，与阿里妈妈的广告不同，雅虎直通车是按点击次数收费的，展示完全免费。如果1000个人看了你的广告，却没有一个人点击，那么是完全不需要任何费用的。据许多使用过雅虎直通车的卖家介绍，其使用也是有很多技巧的，这也是为什么众多使用雅虎直通车的卖家反馈的效果不一的原因。要想使用好雅虎直通车，也是需要认真学习和研究的。

第三十五计：加入消保

此计费用太高，需要成本达2000元之多，普通小卖家很难接受。但是加入消保的好处还是多多的，淘宝越来越多的活动都限制只有加入消保的卖家才可以参加了，对于没有加入消保的卖家来说这无疑是个很大的打击，所以建议各位如果条件允许，还是赶快加入消保吧！

第三十六计：走为上计

三十六计中最经典的一计，你猜到了吗？走为上计！或许网络经营真的不适合你，那么就不要再继续纠缠下去了。[1]

5. 资金往来明明白白

随着网络经济的发展，人们的各种资金支付流转越来越

1 请本文作者与我们联系，以便支付稿酬。——作者注

频繁，支付方式也越来越多样化：支付宝、银行转账、邮政汇款、微信支付和货到付款等。需要提醒网赚族的是，店主在选择一种支付方式时，一定要注意安全可靠性，防止自己的钱财出现损失。下面我们就来一一解析这些资金的往来方式。

1.支付宝方式

支付宝是支付宝公司针对网上交易而特别推出的安全付款服务，其运作的实质是以支付宝为信用中介，在买家确认收到商品前，由支付宝替买卖双方暂时保管货款的一种增值服务。

作为国内领先的独立第三方支付平台，支付宝从诞生之日起一直秉承着“建立信任，化繁为简，以技术的创新带动信用体系完善”的理念，在五年不到的时间内，用户覆盖了整个C2C、B2C以及B2B领域。

目前除淘宝和阿里巴巴外，支持使用支付宝交易服务的商家已经超过46万家，涵盖虚拟游戏、数码通信、商业服务、机票等行业。这些商家在享受支付宝服务的同时，更拥有了一个极具潜力的消费市场。

支付宝的注册方式有两种：一种是登录支付宝网站注

册，一种是登录淘宝网进行注册。

前一种注册方式需要进入支付宝网站https://www.alipay.com/，单击“免费注册”按钮进入注册页面，之后按个人情况选择用手机还是E-mail注册。为了保证支付宝账户正常使用，所有注册信息都要如实填写。还要提醒大家的是，注册完成后要记得去你的E-mail中点击支付宝自动发送激活邮件，完成激活后支付宝才算注册成功，然后就可以体验网上安全交易的乐趣了。

第二种方式是登录淘宝网站进行注册。这种支付宝账户是在注册淘宝账户过程中自动生成的。当你完成淘宝网注册流程并激活之后，系统会自动生成一个支付宝账户，单击“登录支付宝”按钮，激活注册的支付宝账户。进入支付宝网站页面，输入注册淘宝账户时设置的登录密码即可登录。输入注册信息，系统会出现提示页面，提示你已成为支付宝会员。

支付宝的付款方式灵活多样，大致可分为以下几种：

（1）网上银行。可以选择和支付宝公司合作的银行中的任意一张银行卡，去柜台或在网上开通“网上银行”服务，即可进行支付。

（2）快捷支付。无需登录网上银行，直接输入所持银行卡卡面信息及持卡人身份信息，通过银行预留的手机接收校验码完成验证即可进行支付。

（3）余额支付。可通过网上银行、快捷支付、网汇e、网点充值等多种方法给支付宝账户充值，使用账户中的余额付款。

（4）支付宝卡。支付宝卡是由支付宝发行的预付卡，目前只支持天猫商城和淘宝购物使用。

（5）地区信用卡与国际信用卡。这要在卖家开通了信用卡支付服务之后才能使用，前者在付款时无须支付手续费，后者则必须支付手续费。

（6）蚂蚁花呗。需自己开通，只能在购买支持蚂蚁花呗的商品时使用，可以本月花，下月还，不逾期不收费。

（7）指纹支付。需要在支付宝手机客户端点击“我的”——“设置”，在“安全设置”下的“指纹”中开通指纹支付流程方可使用。

（8）手表支付。这种支付方式仅限于智能手表使用。

此外，支付宝的提现功能也为卖家收取货款提供了方便。当买家确认收货后，货款便被转至卖家的支付宝中，如果卖家想将钱转入银行卡中，可登录https://www.alipay.com/，单击“我的支付宝”页面的“提现”按钮，完成操作。注意，这是电脑端的操作方法，而手机客户端则需点击“我的”中“余额”下的“提现”完成操作。手机客户端支持普通提现、实时提现、2小时内到账三种服务，而电脑端是不支持2小时内到账服务的。

2.银行转账方式

对于买家和卖家来说，使用银行转账功能，尤其是个人网上银行进行转账，可以足不出户完成账户间的金钱划转，是比较方便的。

以招商银行为例，买家在银行柜台申请自助转账服务功能后，可以直接使用电话银行、自动柜员机、查询终端及网上个人银行实现你的一卡通、存折、信用卡之间资金的相互划转。它具有以下优点：

（1）自主性强。你可随时自己操作。

（2）方便快捷。通过招商银行提供的各种服务渠道，可实现本人同城招商银行账户之间的转账。

（3）账户资金灵活调度。你可以通过开户地银行提供的各种非柜面方式，进行同一身份证明标志下的“一卡通”活期账户与活期存折间人民币或外币同一币种同一钞汇类型账户的相互转账，也可以通过ATM进行不同身份证明标识下“一卡通”向他人“一卡通”人民币活期转账。

但是，使用者必须在使用该功能之前亲自持本人身份证明、同城开户的同身份证明的卡/折，到同城银行任一网点填写“银行自助转账服务申请表”，办理自助转账申请手续。

办理之后，买家就可以通过电话银行、ATM机、自助查询终端、网上银行等完成转账服务。

不过，使用这种方式划转资金还是有一定风险的：对于买家来说，可能转了账却收不到货；而对于卖家来说，可能轻信对方转账成功的证明，发货之后才发现，钱根本没有到账。所以，在此提醒大家，在选择这种方式时必须慎之又慎。

3.邮局汇款方式

邮局汇款分为普通汇款和电子汇款两种。

普通汇款要去邮政门店办理，速度比较慢，到达时间一般为3～7天，手续比较繁琐。电子汇款前提是要开通网上银行，然后只需登录邮中国政储蓄官网http://www.psbc.com/cn，进入首页后点击页面左边的邮政网上汇款登录，即可进行操作。比较贴心的是，当鼠标滑到邮政网上汇款登录这一项时，下面会出现“演示”选项，为初次使用这一业务的人答疑解惑。

电子汇款既保留了传统的现金交易方式，又增加了账户交易方式，将服务方式延伸到了账户，可以提供现金与账户任意组合形式的电子汇款服务，并且汇款人汇款时，还可以预留附言信息，如对收款人的祝福或要求等，连同汇款一起发送给对方，不受节假日的限制，快捷安全。此外，邮政电子汇款率先实现全省通兑，自行通知汇款的收款人可凭身份证件和取款密码，在全省任意一个联网网点办理取款，使得买家对邮局的选择更为灵活方便。

不过，大家不要忘记，电子汇款同样也是需要汇费的，汇款方式不同，汇费也不同。所以，建议卖家在与买家进行交易时，提前就汇款方式和汇费问题跟买家达成一致。

4.微信支付方式

微信支付是集成在微信客户端的支付功能，用户可以通过手机完成快速的支付流程。微信支付以绑定银行卡的快捷支付为基础，向用户提供安全、快捷、高效的支付服务。

2014年9月26日，腾讯公司发布的腾讯手机管家5.1版本为微信支付打造了“手机管家软件锁”，在安全入口上独创了“微信支付加密”功能，大大提高微信支付的安全性。

用户只需在微信中关联一张银行卡，并完成身份认证，装有微信APP的智能手机就摇身一变成了一个全能钱包，之后在支付时只需在手机的支付界面上输入密码即可完成支付，整个过程简便流畅。

如果想让自己的网店支持微信支付，也很简单，方法如下：

（1）先要去注册一个已经被自己店铺认证的微信公众号，而且是服务号（如果没被认证，需要先去申请微信认证）。

（2）在申请页面的微信公众平台申请微信支付。

（3）需要填写“商户基本资料”“业务审核资料”“财务审核资料”三项，审核通过后，即可直接在线签署支付协议。

PS：在线支付协议是不需要邮寄文字版的，所以申请流程也很简单。

网店店主也可以把商品网页生成二维码，张贴在线下，如小区、车站和广告海报等场所，买家扫描后可打开商品详情，在微信中直接购买。

5.货到付款方式

货到付款即我们常说的“一手交钱，一手交货”。通常是指卖家给买家发货，快递公司按照买家指定的地址送货上门并收取货款，然后再将货款转入卖家账户，也称为“快递代收款”。

不可否认，货到付款能提供的先验货再决定是付钱还是拒收的方式给一些买家吃了定心丸，但是对于卖家来说，却存在着巨大的风险。

（1）遭遇恶意拒收甚至“查无此人”，卖家就只能白白承担快递和包装商品的费用。而且，如果商品是诸如水果等不耐久存的东西，那卖家损失的可就不只是快递费和包装费了。

（2）快递公司诚信问题。因为大多数卖家会选择按照月结的方式，所以快递公司手里压着很多商家的货款，而一旦快递公司带着货款人间蒸发，卖家的损失就会相当惨重。或者，因为运输途中遭遇了“快递暴力”，商品因被损坏而退回，卖家也要承担损失。

（3）成本增加。提供这种付款方式的卖家需要向快递公司支付一定比例的服务费，这就等于增加了商品成本。

此外，即使对于买家来说，这种付款方式带来的也不全都是好处。比如，因商品成本提高，买家势必也要承担一部分服务费。还有，因为一旦付款就意味着售后结束了，之后再发现商品出现问题联系商家时就极易引起纠纷；近几年来，这类事件也常常见诸于报端。

当然，有风险不意味着货到付款的支付方式不能选择，要知道很多买家在购买比较贵重的或是易碎产品时是很希望卖家能提供这种服务的，这也是留住客源的方法之一。下面，我们就以淘宝网开店为例，介绍几种降低风险的方法。

（1）查询买家所留电话号码归属地，看与所留收货地址是否一致。也可发短信或打电话向买家核实订单内容、联系电话、地址等方面信息，并请买家予以回复，如果未接到回复或电话反复拨打不通甚至是空号，就要慎重发货。

（2）如果邮费设置不合理，要及时作出调整。因为快递公司是由淘宝提供的，所以当买家下单后，卖家可点击“发货”查询可使用的快递公司，并通过“交易管理”下的“物流工具”查看物流价格，然后将具体资费和时效截图给买家，与买家沟通看能否调整邮资，尽量降低成本。

（3）因为淘宝上有支付宝作中间保障，所以卖家与快递公司结算上的风险已基本不存在。但是，由于这种付款方式下单号是由快递方面填写的，加之到款周期较长，因此，一旦漏填导致交易关闭，钱款就可能无法到账，给卖家造成损失。所以，建议卖家要保留好自己的交易凭证，记得发货时向承运方索要回执，并定期查看“已卖出的宝贝”中，已成功或已关闭的交易是否存在问题，及时解决。

而对于买家来说，现在淘宝上很多支持货到付款的卖家也支持七天无理由退换货，这在一定程度上减轻了买家对于验货付款后出现的售后问题无法解决的担心。

另外，还要额外补充一句。2016年5月20日，京东为使用京东配送货到付款服务的商家，推出了“货到付款拒收险”。具体开通流程为：商家后台→店铺→保险服务→货到付款拒收险→详情了解/申请签约，为卖家因买家拒收行为而导致的运费损失提供补偿。这在一定程度上降低了卖家使用货到付款方式的风险，保障了卖家的权益。

6. 规避网络陷阱和风险

互联网的飞速发展，不仅给人们带来了沟通的便捷和更多的赚钱机会，同时也给各类经济骗子提供了方便。各种各样的骗术如打开了的潘多拉盒子，纷纷出笼。它们编织各种美丽的谎言，设计一个个诱人的陷阱，以达到骗钱骗物的目的。下面我们就将这些陷阱做一个简单整理：

1.外贸骗子：“外商看中你的产品了……”

这是在网上最常见、接触最多的一类骗局。他们往往谎称有外商看中你的产品，叫你报价，寄样本甚至样品，而后又通知你去他们公司签订合同，交30%的货款定金。

2.假冒工厂采购：“我们是当地著名企业……”

这种骗子一般是假冒当地有名的企业，说要购买你的产品，诱你上钩。

3.骗货骗物："放心，货到即付款……"

让你放心发货过去，又以第一批为要挟，叫你发第二、第三批，然后欠着不还，你能拿我怎么样？还有就是落地杀价，先发货，到他方后，说你质量如何不行，要你"跳楼价"给他，弄得你欲哭无泪，只得就范。

4.网店骗子："老板，这个东东怎么卖……"

骗子通常会利用询问商品或其他方式，发送过来一个带有病毒的地址链接，有些马虎的店主，一边应付骗子的问题，一边不留神就在骗子发过来的链接页面上留下了自己的信息，甚至是账户密码。但是骗子总是骗子，万骗不离其宗。不管是哪类骗子，只要你不相信天上会掉下馅饼，不贪图小便宜，多分析，多询问，一般来说受骗上当的机会很少。对于病毒式的网络骗子，就一定要多留神任何人发给你的链接，看在顶级域名后缀前面的那个地址，是不是真实地址，譬如.com或.cn前面的域名，是否为正确的安全地址，以防上当被骗，导致自己网店信息资料被泄密。

5.老套路网络打字员

你一定也曾碰到这样的情况，有些网站的小广告或者陌生人加你QQ说招聘网络打字员，日薪200元。很多自由职业者看见日薪200的时候，就会算如果做1个月不是有6000了吗？收入很可观啊。但实际上这种网赚往往是骗人的，对方会要求你交纳押金、保证金、建档费、诚信金等，当然，这些钱就一去不返了。

6.网上链接陷阱

在这种陷阱中，你被告知下载某软件可获得一定的“推广费”，当连接这些下载软件时，但实际上该软件能偷偷关闭用户与isp的连接，而接上国外的长话拨号台，使用户支付巨额国际长途话费。对于普通网赚族来说，避开这类陷阱的有效防止办法是关闭上网电话的国际长话功能。

7.上网赚积分换取奖品

上网赚积分模式源于国外网站，传到国内网站后换了一个名称而已，奖品是实物，它们也是要钱买的。赚积分的方法有注册网站、浏览网站、介绍下线等几种。通常作为中介的国内网站从中获取高额利润，参与其中的网赚族很难真正赚到钱，只是做了被剥削的劳工而已。

做网赚要懂得计算投入和产出，当你想加入某种赚钱网站之前，肯定要了解它的报酬支付标准，再根据自己的详细情况细算一笔帐，这样就不至于掉入网上赚钱的陷阱里去。而新人进入互联网，不要只想到轻松赚钱，而是应该学着自己成长、自己拉流量、自己盈利，而不是想着那些所谓的培训机构培训你几天就可以让你日赚几百。

第二部分

手把手教你好玩好赚的 50 个顶级创意

1. 广告联盟赚钱

说起广告联盟我们都不陌生，广告联盟相当于一个广告代理商，主要形式是广告主在广告联盟上发布广告，广告联盟再把广告推送到各个网站或APP里去。

具体地说，广告联盟就是一个平台，由广告主来发放任务广告，交给联盟会员去宣传；联盟会员领取任务，将广告发布在自己的微博，空间和博客上，当有访客通过联盟会员空间中的链接达成交易，联盟会员就得到一定的分成，广告主也达到了扩大交易额和宣传的目的，而联盟平台网站也能得到一定的收入。

对于各个网站来说，基本上流量还不够多时，都会选择跟广告联盟合作，只有做到一定流量后，才能够跟确定的广告主直接建立合作关系。一般来说，广告主可以自由选择联盟平台打广告，网站主也可以自由选择联盟平台赚取佣金，最终实现广告主、联盟平台、网站主三方获利。

广告联盟的盈利模式是这样的：广告联盟收取广告主的推广广告费用，利用竞价和匹配算法，将广告主的广告投放到已经加入广告联盟的流量上，而后根据不同的计价方式消耗广告主预先支付的推广费用，再按照各自不同的分成策略给加入广告联盟的站点流量分成，分成的盈余部分算是广告联盟平台的收入。

那么，网赚族利用广告联盟赚钱需要做好哪些准备呢？

首先，要了解知名的广告联盟，如百度联盟、搜狗联盟、腾讯电商推广联盟、谷歌广告联盟（Google AdSense）、阿里妈妈联盟、网易网站联盟、迅雷联盟等，各个联盟有自己的优势和特点，比如谷歌广告联盟单价高、限制少、不扣税，百度联盟的好处是百度搜索权重比较高，排名比较前，不过申请通过率较低……网赚族可以根据自己的情况选择合适的联盟。

其次，对各种形式的广告联盟有理解和应用能力。目前广告联盟基本上分化为了三大方向，一个是CPS为主，服务电商，一个是CPM/CPV为主，服务页游平台，一个是CPA为主，服务各类软件和效果营销客户。

CPM（按展示付费）、CPA（按行为付费）、CPC（按点击付费）、CPT（按时长付费），网赚族可以根据自身的资源及兴趣点，选择适合的发展方向。

以CPA为例，简单说一下具体操作：首先选择一个广告联盟，然后免费注册一个账号，在申请注册账号的时候，填写自己的支付宝信息或者银行卡信息作为结算佣金的账户，当网赚族操作推广CPA广告联盟的某个产品获得相应佣金，并且满足一定的提现结算要求时，广告联盟就会结算佣金并发放到个人的支付宝或银行卡收款账户。

2. 微信公众号赚钱

微信公众号中蕴藏着巨大商机，越来越多的人开始通过微信公众号赚钱，近两年我们也听说了不少这类的例子，比如“大学生打理微信公众号年赚15万”“全职妈妈在家经营公众号快速积累13万粉丝”，等等。那么，我们如何利用微信公众号赚钱呢？

微信公众号赚钱模式清晰，获利较高，主要赚钱方式有以下两种：

1.微信公众号接入产品。具体的做法有两种：用个人微信号售卖商品，也就是我们所说的微商。需要说明的是，微商是企业或个人基于社会化媒体开店的新型电商，它是一种基于微信生态的社会化分销模式。它从模式上来说主要分为两种：基于微信公众号的微商叫做B2C微商，基于朋友圈开店的叫做C2C微商。B2C微商的操作方式是微信公众号文章底部加上个人的联系方式，一般是个人微信号或者个人微信二维码，引导用户购买就添加你个人微信，把用户拉到你的私人微信，以提高商品成交率；利用文章底部的原文链接地址，在“原文链接”里面填写微店或者是产品的url地址，通过文字和图片来引导用户点击“阅读原文”，就可以跳转到微店和微商城，直接手机上面购买。目前微信这个链接入口是开放的，虽然过滤了一次用户，但是点击的用户转化率会更高。

2.微信公众号提供广告服务。一般来说，运营的个人微信号粉丝数量超过5万的时候就可以申请流量主，所谓流量主，就是说你可以在每一篇文章的底部加上商家在腾讯投放的广告，通过用户的点击付费来赚取收入，千万不要小看了这笔收入，它通常很丰厚，而且还会随着你的用户数量和文章阅读量的增加而不断增加。此外，你还可以接受来自商家的直接广告投放，如果你的公众号是针对特定的人群或地域，这笔广告收入将非常可观！

但是在实际生活中，微信公众号赚钱的方法还有很多：比如组织线下活动，这种线下活动都可以向商家申请赞助费或者场地支持，即使没有商家支持，也可以用AA制的形式向参加活动的人收取合理的费用；比如公关宣传，以写专访的形式为企业做宣传，并且从商家那里获得不菲的推广费用；比如直接卖微信公众号，将一个微信公众号培养至拥有数万甚至数十万的关注者，然后转手卖掉等。

3. 用博客赚钱

现在做博客还能赚到钱吗？答案是肯定的。随着移动互联网的发展，博客赚钱的方法也在更新换代，我们可以通过做广告和销售产品或服务来赚取收入，而你所要做的就是建立一个符合你兴趣、计划和技术水平的博客。

1.在博客中投放广告。这种“躺着挣钱”的方法需要你先付出努力，在有了一定的流量之后，广告主才会上门。对于新人来说，你的博客知名度还较低，转化率、购买率等也都不会太高，很难吸引广告主，因此一开始不妨加入广告联盟，等到博客运营成熟后，再选择其他的广告投放。不过要提醒大家的是一开始博客流量不高，意味着博客通过广告联盟赚的钱相对来说会比较少。此时应该选择起付金额比较低的广告联盟，才能更快地拿到广告费。

2.在博客上卖商品。在博客上卖产品也是个不错的选择，当然赚多赚少也和博客流量有关。如专门卖当地的一些土特产，当地比较有特色的产品，只要有价格优势，渠道优势都是不错的选择。建议尽量卖利润高的产品，这样的话只要少量精准的流量，也可以获得不错的收入。当然如果你的博客流量够大，那么选择利润低的产品也不错，薄利多销一样赚钱。

3.提供咨询服务。博客都会是博主们展示他们某方面专业技能的一个平台，这些专业知识对于读者来说可能就非常有用了，以至于他们愿意花钱来获得这些技术支持。我们最愿意看到的情况是博主们将博客作为推销他们的服务的平台，例如SEO专家可以通过博客为那些小网站提供实惠的SEO服务。在这里最重要的是博主要能提供货真价实的服务。

4.博客出售链接。这也是一种常见的赚钱方式，也是博主们比较能接受的一种盈利模式。因为文字链接可以给广告主带去流量、可以进行搜索引擎优化，但又不会像其他广告那样打扰读者。但是出售链对你博客的PR（Page Rank）值有要求。你的PR值越高，你的链接就越值钱。

但是在利用博客赚钱时，网赚族也要注意以下几点：

1.赚钱不要开始的太早，博客创建之初，你要做的是培养流量，太急于赚钱会引起关注者的反感，这个过程一般需要三到五个月。

2.你的兴趣和专长是成功的最大助力。如果不是你感兴趣的，不是你所专长的，你可能很难坚持下去，更不要说利用博客赚钱了。

3.维持相对稳定的更新。长期不更新会导致大量读者会流失，搜索引擎来的流量也会逐渐减少。因此，你最好在一开始的时候就给自己确定更新的频率。

4. 软文撰写赚钱

互联网时代，商品交易由线下搬到了线上，软文广告也随之焕发了新的活力。软文是指把广告内容和文章内容完美结合在一起，让用户在阅读文章时，既得到了他需要的内容，也在无意中了解了广告主想要推广的内容。

当然，软文广告的核心就是要保证软文的质量，迎合受众的心理。

1.对产品和目标受众深入分析，剖析用户的特点做法并捉住用户最注重的是什么。

2.文章标题要足够吸引人，避重就轻。

3.软文营销要有战略规划，有清晰的推广意图。

4.不要篇幅过长，内容冗长空泛。

需要说明的是，在2016年9月1日，出台了一项《互联网广告管理暂行办法》，凡是互联网上（包括微信、微博）发布的广告，都要标注“广告”两字。这一政策会影响软文经济的发展吗？答案是否定的。

优质软文其实已经被创意所包装，相比于利益导向的纯广告，更容易被粉丝接受。就算没有《互联网广告管理暂行办法》，“垃圾”营销文案也不会有人买账。大浪淘沙，创业公司依然可以用优质的软文做营销，他们可以用专业、故事，打造价值、文化认同来打动目标群体。比如褚橙、一条、姜老刀等，无一不在用“故事”温暖人，从而达到营销目的。事实上很多年轻的创业公司也都是这样做的，比如早前的“雕爷”“早期的余佳文、马佳佳”以及陈安妮、张天一、温城辉等。而且值得注意的是，新媒体时代是一个全媒体时代，只要是好的内容，会引起全网转发，曝光量也是非常可观的。

可能大家会想了解，软文主要写哪些方面呢？

1.软文向潜在客户做转化营销。对品牌做了一定数量的推广后，下一步就要瞄准目标客户群做转化营销。这一阶段的软文一定要是客户为本，对客户进行准备定位，准确把握客户的需求。

2.软文结合产品做推广。最后一步当然是要落实到具体的销售上，你的软文可以借名人、借热点，甚至借同类产品宣传。需要注意的是，不要太生硬，不要太标题党，流畅有趣的软文才不会让人反感。

一般来说，我们可能是为兼职公司撰写宣传软文或产品广告，也可能是为客户公司撰写形象类文章。需要兼职文案（策划）的公司以房地产和广告行业为主，主要工作是为销售的商品（楼盘或其他产品）写软广告，这些工作“创意”性较强，要有很强的策划能力，能写得一手“美文”，同时也需要一定的相关行业知识。

此类兼职形式灵活，大多数情况下，在网上就可以直接完成。那么，我们怎样获得这类工作呢？建议大家首先还是建立自己的博客，在博客中介绍自己能够提供的服务，然后有意识地在各大网站论坛上的相应版块发帖；我们还可以经常去威客类网站关注和寻找类似的任务，同时也可以自行发布兼职需求。

随着互联网经济的发展，软文撰写的需求量越来越大，这个小生意也可能带来大财富。李彦宏曾经说过：移动互联网时代，广告是没有前途的。主要是因为屏幕小，用户点击和浏览，但是移动互联网的发展却成就了软文广告，它适于阅读，简单明了，在未来依然有非常大的发展空间。

5. 威客接单赚钱

近年来，随着互联网的发展，产生了一种新的职业——“威客”。如果你有一技之长，那么在威客接单赚钱会是一个好主意；即便你没有专业技能，也可以选择简单一些的营销推广类的任务，一句话只要你愿意，就能够从威客网上赚到钱。

威客由英文单词“witkey”音译而来，意为智慧、钥匙。

在网络时代，“witkey”和“威客”这两个词完全是中国首创。2005年7月，在中科院研究生院读工商管理硕士的刘锋，在自己的论文中为一种新的网络模式定义的时候，写下了“威客”和“witkey”这两个词，用以描述2000年以来出现的一种网络模式。简而言之，在网络上出售自己无形资产（智慧和创意）而获得报酬的人就是威客。“威客”和“witkey”是在2006年7月份，因为央视的新闻报道而突然红遍大江南北。目前的威客模式主要是积分悬赏、现金悬赏、知识出售、威客地图等四个形式。2002年以来，开始出现威客模式的网站雏形，到2005年，这一模式出现了繁荣的景象。谷歌、百度、新浪、雅虎等众多网站纷纷进入这个领域。

威客模式网站上的用户按照其行为可以分为两类：回答者和提问者。其中，提问者提出问题和发布任务，在获得合适的解决方案后支付报酬给回答者。回答者接受任务和回答问题，当回答者的解决方案得到提问者认可后，回答者获得约定的报酬。

具体地来说，这类威客网的盈利模式是：（1）通过为供需双方用户提供一个威客平台，从而在每个任务完成后，收取一定比例的手续费；（2）通过威客网站为需求者提供的任务寻找到合适的实施人，从而收取佣金。比较知名的威客网有：任务中国、猪八戒、时间财富、一品威客等。

在威客网上，我们可以参加任务竞标，你的工作被选中后就有赏金。竞标任务就是竞标大厅里的那些任务了，通常都是由招标人先在威客网发布任务，然后由参与意向的网友来参与，不同的任务由不同领域的人才招标，不同难度的任务其赏金也有所不同，难的任务赏金就多，简单的任务赏金就少。在任务大厅中，找到您中意的任务，点击进入到任务页面，在页面中有“我要报名”的按钮，点击即可接任务，待您按照任务要求完成作品的制作后，点击“我要交稿”，将您的作品提交到网站上，即可参与任务的竞标。

此外，我们可以参加发帖比赛或计件任务赚钱。上面提到的营销推广就属于这一类，比如QQ群推广、注册推广、发贴推广等，这类任务通常很简单，不需要什么技术或是特长，只需你有干劲，都能赚到钱。任务大厅里每天都有大量的发帖比赛或计件任务，这类任务不需要太多的专业知识，只需要挥洒汗水即可。

需要提醒大家的是，网络中出现了很多打着威客或维客等名称的骗子网站，其目的为以炫目的收入方式骗取浏览者好奇并诱导其通过手机注册，当浏览者注册之后你就会发现自己的手机费已经被扣去了很多，提醒大家注意此类骗局。

6. 淘宝客推广赚钱

淘宝客是阿里妈妈联盟的一个重要分支，也是我们非常熟悉的一个推广模式。一般来说，淘宝客只要将阿里妈妈联盟中的宝贝推广出去就能获得规定的佣金，但是实际操作起来也要讲究技巧，这就是为什么有的人只能赚到几百元，而有的人却能月入几千元甚至上万元。

淘客推广是一种按成交计费的推广模式，淘客只要从淘客推广专区获取商品代码，并将链接转到个人网站、博客或者社区发的帖子中，买家进入淘宝卖家店铺完成购买后，就可得到由卖家支付的佣金。

淘宝客的赚钱模式很简单：获取推广链接，只要有人通过你的推广链接购买了，就可以拿佣金。所以，想通过淘宝客赚钱的朋友真正需要关注的就是如何推广，让更多的人通过你的推广链接购买。

有很多新人可能会有这样的疑问：淘宝客还能赚钱吗？还有市场吗？答案是肯定的，不但有市场，而且还很大。要知道，淘宝每年的销售量在线上市场中占到了很大的比例，而淘宝90%的宝贝又都是有佣金设置的，比例一般在10%～25%左右，当然有的甚至更高。所以说，只要淘宝还有卖家就肯定还有淘宝客的市场，不仅如此，因为淘宝商家的竞争日趋激烈，流量成本也会越来越高，淘宝客也会成为一门非常赚钱的“指上”生意。

点开阿里妈妈官网，用你的淘宝账号登陆，如果没有账号就要新注册一个，而且要绑定支付宝，便于提取现金。点击媒体合作，进入淘宝联盟，接下来进入我的淘宝客页面，就可以看到个人的账户情况。点击左侧边栏的“推广管理”，首先会看到“推广资源管理”，如果你没有网站也没有APP，就可以选择“导购管理”，按要求填写QQ账号、QQ群等信息，最后点击“联盟产品”，选择目标就可以进行推广了。总的来说就是三步走：第一步注册账号，第二步登记备案、确定推广渠道，第三步获取代码、投放赚钱。

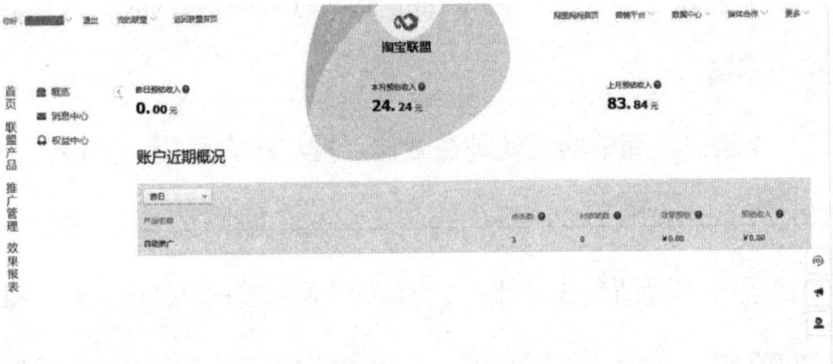

很多新人刚上手时都是选择在自己的QQ群里发链接，但是其实这样做的效果往往不好，因为定位不够精准，而且单一的渠道也很难达到月入过万的水平。下面我们就对比较主流的淘宝客推广赚钱方法做一些整理，希望能给大家一些启示。

1.建网站。电脑网站或手机网站都可以，只要有流量淘宝商家就会找你推广，但是建网站团队很重要，如果没有一个好的团队最好还是不要轻易尝试。

2.做APP。在2016年，用APP做推广是一个不错的办法，但是前提还是你得有一个团队来操作，一个人完成不了。

3.论坛。早期在论坛推广也是很不错的方式，而现在这种推广也没有完全沉寂。具体操作是选择一个流量较大的论坛，联系版主设个指定贴，帖子里是自己编辑好的各种购物技巧、优惠等之类吸引人们购买的内容，这样每月的成交量也会相当不错。

4.微信。简单的说就是在微信上推广淘客联盟的链接，让微信上的好友购买你所推广的产品，这就叫微信淘客。微信淘客最近一年可谓是非常流行，有人甚至能够日赚1000+元，每天你在群里发精选的好产品，文案也要经过精心编辑，你的群会随之越来越好，反之越差！此外还要注意与群友的沟通，群友想找什么产品，要积极回应推荐，这样就会有更多的人加入你的微信群，你的收入也就越来越多了。微信群还可以批量操作，你要做的不过是复制成功而已。

5.导航类网站。这类网站在早期比较流行，现在做的好的导航类网站就是360浏览器、搜狗浏览器、火狐浏览器等。这些浏览器提供的淘宝入口其实就是自己的淘宝客推广地址，由于浏览器用的人多，所以推广成交量相当的大，也成为一些浏览器的重要收入来源。

6.SNS网站。利用SNS网站做淘客推广，关键是建立热门话题，吸引人的关注度。现在比较出名的SNS网站有美丽说和蘑菇街，是做的比较好的淘客网站。

7.大型平台。早期比较出名的就是百度知道，百度知道推广淘客，在2011年达到巅峰，到了2012年，由于百度知道对回答问题后链接地址的限制，这种推广方式就沉寂了下来。当然，现在还有人利用百度的产品在推广淘客，比如说百度经验。尽管利用大型平台做推广可能存在一些问题，但一直是新手入门的最好选择之一。

7. 支付宝经费群赚钱

支付宝正在努力向社交进军，这也给广大网赚族提供了更多的赚钱机会。

比如在支付宝9.0以上版本中推出的交友群中，我们就可以将其中的经费群做成一门生意。

下面说一下建群的方法。首先打开你手机上的支付宝APP（更新到最新版本），点击下面菜单栏中的“朋友”选项，接下来点击右上角的“+”号，选择“发起群聊”，在打开的页面中选择经费群。

勾选你要加入群聊的好友，然后设置入群条件，输入群成员所要缴纳的经费数额，这项经费通常为0.01～1500元，对方同意后即进入经费群。在后上角的聊天信息中，我们能看到群名称修改和群二维码。根据自身所长，给你的经费群起一个具有吸引力的群名称，然后再将二维码宣传出去，就可以坐等客户上门了。

那么，这种支付宝经费群应该怎么操作呢？

首先一定不要无中生有，我们一定是把能够给与用户的内容展示出来，能给用户什么我们就说什么，不要为了经费就无中生有，比如你告诉别人如何活到150岁，这就不属于正常的商业活动了。

其次找出自身所长，或者自身所具有的资源优势。比如说，你是一位律师，可以与大家分享一下日常生活中的法律常识；比如你是一位微营销高手，可以与大家分享一下你的营销经验；再或者你有众多的电影资源，可以将一些发烧友召集起来，比如入门交58元就可以分享热门电影下载。只要你愿意，有很多内容可以做。

给经费群一个明确的定位。互联网时代，内容是王道，建立了经费群但是不代表一定能收到钱，因为你还没有告诉别人你的群有什么价值，能给别人带来什么东西，所以我们要设定一些精炼的销售话术，让大家知道我们在分享什么。比如我们在宣传的时候甚至在群标题中就要告诉别人，你能给用户带来什么，比如“讲故事做销售交流群”“不会讲故事如何做销售，全套实战材料，支付宝经费群付款只要39元，微信298元一套！”这样你的经费群价值就体现出来了。而且还可以避免两个常见的麻烦：

1.退群不退费。在收费的时候就告诉大家，费用不会退，非诚勿扰。

2.打消群成员“这个群是做什么的”疑问。

最后，你要把你的群宣传出去。一定要精准定位你的目标用户群体，不要做无用功。比如你的经费群是一个“心理恐惧症交流群”，那么就应该到心理论坛或者心理学QQ群中去宣传，这样转化率才会高。

8. 网络拍客赚钱

随着视频网站的走红，拍客也应运而生。所谓拍客，就是利用手中各类相机、手机或DV摄像机等数码设备拍摄的图像或视频，通过计算机编辑处理后，上传网络并分享、传播影像的人群。

我们经常会看到网络拍客月赚过万的报道，那么做拍客有什么条件，又是如何赚到钱的呢?

一般来说，“拍客”应具备哪些条件呢?首先要懂一定的摄影技术，能拍摄热点原创的视频和广泛传播、分享、推广视频;有一双善于发现的眼睛，能敏锐地捕捉到热点，应该富有社会责任感，关注新闻，关注一些具有公信力的主流网络群体，如论坛、微博等;最后，还要善于感性的思考，习惯用视频影像表达和记录心情，表达他们对世界和人文的真实感受。

简单来说，拍客赚钱途径大概有两条，第一条是通过视频网站赚钱。拍客将拍摄的视频上传到视频网站，吸引点击量，网站因视频提升了流量，自然会根据协议支付报酬;第二条是为广告商服务。随着网络视频的流行，不少广告商会雇佣拍客拍摄网络电影，在电影中为其商品植入广告。也正是来自广告商的支持，使得很多拍客逐渐转化为职业拍客，他们开始购买专业设备，拍摄专业的网络短剧和网络电影，把拍客从兼职赚钱变成了一门不错的全职生意。

9. 百度经验撰写赚钱

百度经验撰写也成为了网赚族中比较流行的赚钱方式，你可以凭着自己工作学习上的专业知识，或者是爱好上的技巧，或者亲身的经历经验，在百度上图文结合写出你的经验就能凭着流量赚钱。

那么，具体怎么操作呢？首先，你要注册一个百度帐号；然后在百度经验首页，登录百度帐号；点击回享计划，点击报名预备班；加入预备班，发布10篇原创经验，成功毕业，成为签约作者；成为签约作者之后，继续发布经验，以流量计算收入。收入满100元即可提现，每月1～20日可以申请提现，次月到账。

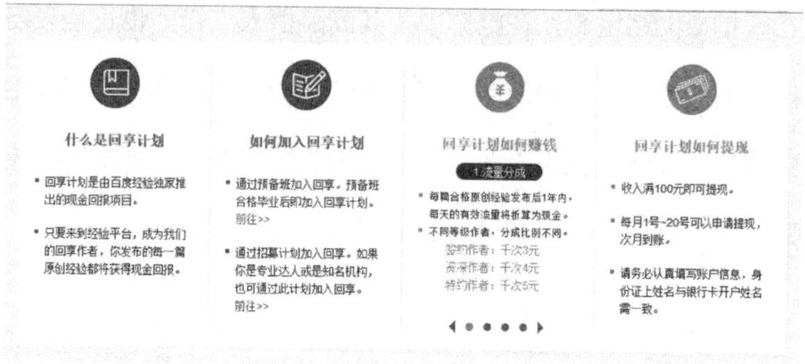

而下面10类是现在百度经验现在力推的、日常流量都比较高的类别，网赚族可以选择适合自己的方向。

【情感/交际】

例：如何结束单恋，如何让人喜欢自己，如何在职场上做一个受欢迎的人，如何应对出轨的另一半，如何处理婚姻中的金钱关系，如何找一个合适的女朋友，如何与喜欢的女孩搭讪等。

【手工/爱好】

例：如何自己做羊毛大衣，如何做十字绣，如何做手工玫瑰花，如何养花，如何钓鱼等。

【运动/户外】

例：去哪里学习翼装飞行，如何选择一个防水的登山包，如何找到志同道合的驴友，自驾游有哪些好地方等。

【时尚/美容】

例：如何防止过早出现“沙皮狗线条”，如何提高自己的穿衣品味，如何海淘性价比高的化妆品，如何让脸变瘦，如何防脱发，如何去掉鱼尾纹等。

【母婴/教育】

例：怀孕不补钙可不可以，如何做胎教，如何不打不骂教养男孩，几岁开始学钢琴好，怎么让宝宝吃的更营养等。

【健康/养生】

例：电脑前坐久了总头晕是怎么回事，鼠标手怎么矫正，怎么做清肺养生的汤水等。

【美食/营养】

例：如何做最好吃的家常菜，做什么菜放醋比较好吃，如何做啤酒小牛肉，如何做老鸭汤等。

【职场/理财】

例：新手做股票如何学习，如何买卖期货，工薪族如何理财，如何赢得上司喜爱，怎样在办公室应对喜欢挑拨离间的小人型同事等。

【生活/家居】

例：装修房子有哪些注意事项，如果除去甲醛，电视背景墙怎么做才漂亮，有哪些又漂亮又实用的飘窗设计方案，小户型卫生间怎样做干湿分离？

【游戏/数码】

例：农场游戏怎样快速升级，什么手机最好用，最好用的4G手机是什么等。

有几个小要点，网赚族一定要注意：

1.在你加入回享计划的那个月，你要完成10篇三星文章，因此最好选在上旬加入。

2.七天必须完成一篇原创经验，否则得重新加入回享计划。

3.晋升资深作者的条件是：每月原创经验≥15篇，优秀原创经验（三星经验）比例≥50%，某一分类下原创经验质量特别好的签约作者。一般来说，写到200篇左右的时候，就差不多可以成为资深作者了。

4.写经验要原创，并且最好查好相关关键词，这样才能带来更多流量。

10. 网络调查问卷赚钱

很多人逛街时都碰到过被请求做调查问卷的情况，但你是否知道，有人把调查问卷做成了一门生意，他们会在业余时间做一点问卷调查，让自己每个月都有一笔稳定的收入。那么他们是怎么做到的呢?

首先你需要准备一张银行卡或者一个支付宝账户，如果你已经有了，就可以省略这一步。

其次，选择一家或几家比较好的调查问卷赚钱网站，注册会员。我们在这里给大家推荐一些目前国内外比较好的网站：

1.第一调查网——号称“中文调查第一站点”，50元起付。老牌问卷调查网，通常20分钟以内能回答完一个问卷。

2.isurving调查网——美元站点，中文界面，5美元起付。调查非常多，可以选择你熟悉的语言。

3.收奖调查网——除了问卷调查外，还有购物返利、有奖活动、有奖游戏等。

4.爱调查网——做的比较好的问卷调查网站，特点是任务多，此外网站还有有奖活动和游戏试玩。

5.ipoli调查网——有中文版，问卷奖励大概在1～10美元之间，每周定期有中文问卷。

多选几家网站注册会员，注册后记得进入邮箱激活，这一步可能需要手机验证，如果不进行验证，收到的调查会比较少。

激活账号后就可以参加调查赚钱了，各家网站情况不太一样，有些网站在有新的调查时会发邀请到你注册的信箱，所以要经常登录邮箱查看；有的网站不会发送邀请，你需要经常登录调查网站，自己查看是否有邀请。

另外，还要说一下调查问卷的一般情况：

第一类，秒查：问题少，速度快，一般2分钟做完，调查数量少，新人练练手就好。国内单价1~3元左右，国外单价0.5~1美元。

第二类，普通查：这种调查也就是我们做的最常见的问卷调查，数量较多，难度中等。国内单价2~20元不等，国外单价1~10美元不等。

第三类，高价查：这种调查的数量就比较少了，一般调查网几天才会出一个，奖金较高。国内单价一般在25元左右，国外单价在12美元左右。

第四类，口子查：英文叫做Instant Paid Survey，这种调查数量非常少，需要条件苛刻，价格高。国内单价50元左右，国外单价：15~80美元不等。

到这里，网赚族已经了解自己应该如何做调查问卷赚钱，但是还要提醒大家，做任何一门生意都要持之以恒，做问卷调查也同样如此。由于做问卷调查对于受访者都有一定的要求，网站会进行筛选，因此在问卷开头因为不符合要求而被提前结束问卷是很常见的情况，此时只需尝试其他问卷即可，不必因此而灰心丧气。

11. 写手、编辑生意

互联网的兴起，使得兼职编辑岗位应运而生。兼职编辑承担的是撰写网站推介文字、编辑专题和专栏、优化专题结构等任务。兼职编辑的报酬跨度很大，根据作业难度、作业质量的不同有差异。有些行业网站还要求编辑熟悉行业专业知识，能及时搜索信息，向网站提供行业及市场的行业动态、市场分析及预测评论。一般有行业或新闻相关从业经验者优先。

除了网络编辑，出版社也经常招聘兼职编辑。一般要求有良好的文学功底，有编辑工作经验，有和出版书籍内容相关的知识经验背景。若是英语类书籍，则需要有英语专业8级证书，有笔译经验，能从事翻译书稿的审校工作。如果兼职编辑是在校学生，报酬可能有所减少。

做写手（主要指网络小说）的报酬不那么稳定，很多写手一个月的收入也不过几百数千元，但是如果你能写出畅销网络小说，那么就会有不菲收入；而如果你的作品幸运地被改编为影视剧，那么收入就会非常可观了。《甄嬛传》《步步惊心》《琅琊榜》《他来了，请闭眼》《花千骨》，近些年这些由网络小说改编的影视剧大热荧屏、银幕，让原本一直挣扎于温饱线的网络小说写手也一举成了热门行业。在2014年的网络作家排行榜上，排名第一的唐家三少一年版税收入居然已经高达5000万之多。做网络小说写手，首先要选择一个原创小说平台，在网站发表小说，然后跟小说网站签约并将小说在网站上架，接着只要有读者订阅写手的小说，写手就能赚取稿费了。

写手及编辑通常需要有一定的文字功底，网络编辑通常还需要对当前各类流行元素非常熟悉，而出版社编辑则需要相应的学历背景以及一定的实际工作经验。

最吸引人的一点是，做写手或编辑不需要启动资金，你从事这项兼职事业的唯一本钱，就是你的大脑和你的学识。

这可能是一项非常枯燥、寂寞的工作，你大概要坐在那里独自去完成堆积如山的编辑工作，因此，虽然这是一项可以独自完成的工作，但前提是你要能够耐得住寂寞。建议你最好拥有几个伙伴，你们共同成立一个工作室，通过团队协作来完成这些兼职工作，甚至也可以为此进行一次创业。

做这项工作，你首先要注意建立自己的个人品牌，在博客、微信、微博中推广自己；有意识地在各大网站论坛上的相应版块发帖；经常去威客类网站关注和寻找类似的任务，同时也可以自行发布兼职需求。时间长了，你所能接到的工作也就越来越多。而如果做网络销售写手，就要加强与读者之间的近距离互动，现在很多网络作家不仅开微博、公众号，和读者交流，甚至还成立多个QQ群、微信群，随时和读者互动，读者可以提出一些建议，双方的互动也会加强读者对小说的忠诚度，而这些都与写手的收入息息相关。

网络编辑虽然辛苦，但用人需求很多，未来市场前景看好。根据网站的定位、内容不同，一些网站招聘则更注意求职者的一些特长。如广州一家游戏软件公司招聘网络编辑，对“有一定音乐基础”“有传统媒体或者大型网站采编工作经验者”“熟悉、爱好摄影或者摄像”“具备后期影视制作工作经验”的求职者优先考虑。在这其中，兼职网站编辑也不少，很多是来自传统媒体的新闻从业人员。这部分人多为从业多年、经验丰富的“高手”，有开设专栏的，也有不定期投稿的，还有搞活动策划的。兼职编辑的报酬跨度很大，根据编辑稿件、专栏的难度，质量不同而有差异。一篇稿酬大概在

100~500元之间，一个策划专栏在500~1500元之间。有些行业网站还要求编辑熟悉行业专业知识，能及时搜集信息，向网站提供行业及市场的最新动态、市场分析及预测评论。

需要注意的是，到目前为止，不论是专职或是兼职，网络编辑的职业认定、管理目前还很不规范，不像传统新闻行业的记者、编辑，随着工作年限、经验的累计，可以考取相应的证书，各方面待遇也有保障。

12. 网络家教赚钱

网络家教是互联网时代的产物，又被称为远程家教、网上家教、远程辅导，它是指借助专业的网络家教平台，学生和教师通过网络实现面对面实时辅导。这种专业的网络家教平台看起来跟QQ、MSN等即时聊天工具没什么两样，都有语音和视频功能，但实际上区别大着呢，单是多出来的那一块教学白板，其功能远非QQ的聊天窗口可比，老师和学生可以在上面写字、画图、作标注，还可以直接上传文件至白板，白板的教学内容也可以保存下来，而且，教学任何一方在白板上的操作，对方都是即时可见的。

从互联网的普及速度和发展趋势来看，在不远的将来，传统家教将让位于网上家教。网上家教正在以一个变革教育模式的态势走进中国普通百姓家庭，再偏远地区的孩子也能享受到网上家教所带来的便捷。网上家教也有可能使得一些不方便出门上学的孩子能够在家完成初高中学业！

在一般情况下，正规的网络家教平台是不会收取学生的注册费、年费、平台使用费、软件使用费、中介费的，大部分都是收教师的。而教师则通过网络家教平台为孩子提供家教服务，收取相应的课时费。

你需要对你所从事的家教科目具有教师级别的资格，在通常情况下，你应该本身就是一名该专业的在校教师，但也有一种例外情况，你也可以是该专业师范学校的在线学生。

你所掌握的课程教学方法，以及你需要为学生们进行的网络家教课程，就是你的产品。你可以通过两种方式出售它们：一种是实时的在线家教服务；另一种是出售录制的教学视频。显然，后者的效果及收费没有前者高。

做网络家教生意，完全不需要库存和物流，完全是在虚拟的网络世界中完成各项交易。而网络家教的优势在于：

1.价格相对便宜，在大城市网络家教基本上是传统家教的一半。

2.方便，手机连上网络就可以进行教学，没有奔波的辛苦和接送的烦恼。

3.快捷，学生有什么问题可以随时找老师解决，真正难题不过夜，所学知识能够及时理解消化。

4.教学相关的图片、音像、视频等都能轻松使用，可以最大限度调动学生的学习兴趣。

5.安全，网络家教没有传统家教那种往返途中的安全问题，也没有在家里接待陌生人的诸多不放心和尴尬。

6.不受空间限制，选择老师的范围更广，边疆学生也可找北京名师授课。

网络家教应特别注意以下事项：

（1）尽可能最大地使得教学资源平均化。

（2）让更多的大学生能够独立起来（例如，我易网络家教的老师全部来自北京名牌高校，他们每个月不出寝室门即可拿到不菲的薪酬）。

（3）改善中国目前优秀资源扎堆（特别是教育业）现象。

13. 自媒体赚钱

所谓自媒体（We media），就是个人媒体、公民媒体。2003年，美国的一位学者将其归纳为“普通大众经由数字科技强化、与全球知识体系相连之后，一种开始理解普通大众如何提供与分享他们本身的事实、他们本身的新闻的途径”，听起来可能比较拗口，简单地说就是一种私人化、平民化、普泛化、自主化的传播方式。

在中国，自媒体的形式也有很多，比如微博、博客、微信、QQ空间等，而通过自媒体，已经有很多人从中赚取了可观的财富。那么自媒体赚钱怎样赚钱呢?

1.自媒体平台

现在的大型自媒体平台有很多，比如百度百家、今日头条等，今日头条号称有4亿的活跃用户群体，而百度的流量池也非常巨大，如果能在这两家平台上申请入驻，那么就可以获得稳定的收入。不过要求申请者必须有较为深厚的文字功底，有有效的原创文章，这样才能通过审查。

2.广告收入

这一块我们在微信公众号中也曾提过。广告有硬广和软文之分，而自媒体要瞄准的就是软文了。写的好的软文，应该与植入的广告融为一体，不留痕迹。在自媒体中发布这类广告，一般是按照活跃度及关注量收费，几百元到几千元不等。

3.电商

自媒体也可以给电商提供帮助，辅助销售。比如，你是数码领域的达人，拥有众多的关于数码产品的使用体验，那么就可以为电商服务，在自己的自媒体中推荐点产品什么的，很多人都会买单。

4.咨询服务

咨询服务是一种比较专业的服务，非专业人士不好做。做咨询服务前，你需要在某个专业领域得到大家的认可，然后才会有人来找你咨询问题。而收费的标准可以自订。

5.演讲，培训

这是现在很多自媒体人的一个发展方向。文章写的好，就可以慢慢开讲，再慢慢的去做演讲和培训。等你积累了一定的名气后，就可以参加商业演讲，收入会比较高，一般有几千块至几万块不等。

6.出书

对文字功底比较好的自媒体人来说，还有一个赚钱的办法，那就是出书。出书不但可以收获稿费或版税，还可以拓展粉丝，提高个人知名度，一举三得。

除了上述列举的方法之外，其实还有很多赚钱路径。互联网上不缺流量，只要你愿意花心力经营，就一定能够有所收获。

14. 心理咨询生意

随着社会的发展和竞争的不断加剧，都市人需要面对各方面的压力。特别是中青年白领，常常是职位越高，精神压力就越大。快节奏、高强度的紧张生活已经使部分青壮年出现隐性更年期的症状，并产生各种各样的心理问题。资料显示，目前全球每天因心理问题而自杀的人数已经超过了车祸死亡人数。在发达的大都市，这种情况更加突出，心理亚健康人数比例高达3成。

都市白领，面对的不仅是21世纪的不安定、不可测的多变经营环境，同时还要面对来自上司的压力，来自公司同事和部属的挑战，来自公司经营策略的变化……这群人所面对的生存压力与岌岌可危的态势绝不是努力加苦干就能应付的，因为每天都会有新的竞争对手在他们身边不断涌现。此外，他们所面对的还有市场竞争的不断加剧和利润空间的无限压缩，而压力也绝非仅仅来自外在的空间，更有自身的自危感受。但是，因为这些压力就走进心理诊所似乎又有点小题大做，于是网上心理辅导这个行业应运而生，并且越来越受到年轻人的欢迎。

如果你恰好是一个心理学专业的学生，或者你是一名拥有多年青少年德育工作的教师，那么运用网络技术进行有特色的心理辅导，无疑是一件利人利己的好事。既能锻炼了自己的业务技能，同时也可以通过提供服务收取一定的报酬。

根据服务的时间或内容，向服务对象收取一定的佣金，或者你可以介绍一些辅导师给你的服务对象，而你从中收取一定比例的佣金。

如果你只是一个心理辅导工作室的运营人员，那么你只需要懂得管理与推广即可。但如果你是以个人工作室形式出现，你自己本身就是辅导师的话，这个项目对专业技能的要求还是比较高的。你至少应该拥有一定的心理学专业背景，同时最好还拥有一定的临床经验。你可以亲自担任辅导师，也可以招收一些专业的辅导师来兼职，而你从中提取佣金。

例如，在淮海路上一家写字楼里做投资咨询服务的白领程小姐最近感到有些心烦意乱，因为最近新调来一个上司，让原本工作如鱼得水的她感到颇有压力。几天前，她无意中从朋友处知道了一个在线心理辅导网站，现在已经成为其注册会员。其中的"职业问题"板块正投合程小姐心意，每天都会有几十名持国家级证书的咨询师针对"职场关系、职场适应、生涯规划"等不同主题提供免费视频咨询，成为注册用户的她可以进行网上预约。平时，网站论坛上有很多有意思的心理小测试，不少人都会把自己的梦境写成文字发表在论坛上，还有专业心理咨询师进行梦境解析。"可以排遣不少困惑，增添生活乐趣。"程小姐还将该网站推荐给了自己身边的朋友和同事。

做这类生意，所需资金非常小，只要3000～5000元。这是一项一个人也可以完成的项目，当然，如果你有一些同学或同事愿意共同创业的话，那就更好了。

15. 在线设计赚钱

如果你拥有平面设计、Flash设计、三维动画设计等电脑美术的技术背景，那么你就可以建一个微信公众号，或者加入各种威客平台，只要通过一部小小的手机接单，你的业务不夸张地说，可以遍及全国，甚至走出国门。

你可以从你为用户设计的每一件作品中收费，对于某些动画作品，你甚至可以与所上传的网站协议对每个浏览者收取相应的下载或观看费。

只要你拥有上述的技能水平，那么，这对你来说无疑是一个商机无限的行业。

Flash是大多数二维动画的标准软件。一般按效果和时长来收费，有三种计价方式：

1.按数量计价：一个5分钟的Flash，一般为2500～3000元。

2.按秒计价：通常采用文字和场景的二维动画，价格在每秒100多元，而有角色和场景的二维动画，价格在每秒300元左右。

3.按帧计价：15～20元/帧。当然这种计价方式要求作品设计优秀，制作非常精美，或者有特殊效果的要求。

而制作三维动画的费用一般都在1万元以上。具体报酬还可按效果和时间来计算，一般来说，简单的字幕和场景动画，其报酬通常在每秒400～800元之间；如果有物体、角色动画，每秒800～1200元不等；如果涉及人物动画或复杂的角色动画，目前没有透明的市场价格，但仅仅是视频效果后期处理也在每秒100～300元不等。

Flash制作是一个价格落差相当大的兼职工作，要获得高薪，需要有良好的平面设计功底、较好的创意、较多的设计作品和成功案例，在业内有相当的知名度。

而会使用三维动画的人很多，但高手则是凤毛麟角。一般需要熟练操作3DMAX等软件（计算机三维动画软件发展迅速，除3DMAX外，还有其他有特色的三维软件，如Rhino、Maya、SoftImage等），设计前卫大胆而有独创性，能够充分理解客户需求，最大程度地实现客户的各种设计理念，能胜任展示设计工作的要求。

一切都是依靠你的专业技能，利用一台电脑完成你所有的日常创作。

在开始时，你可以利用兼职时间来完成初期创作和业务联系，后期，你大概要全身心地投入到这份事业中了。

最初，你需要一台可以上网的电脑，建设一个简单的业务介绍网站，然后租赁一个托管空间即可了，而这一切，大概只需要5000元以内就可以解决。

在创业初期，或在兼职时，不需要任何伙伴，你一个人就可以完成所有工作。

不需要库存和物流，完全是在虚拟的网络世界中完成各项交易。

你该如何来运作你的这个商机呢？兼职或是专职，这些都不是最重要的，你完全可以按照你自己的人生规划来进行，你利用你自己的特长更容易地赚取利润。

你可以建立一个微信公众号，将你的作品上传，同时列表说明一下你所能够提供的服务，以及相应的佣金。

接下来，你需要做的事情，就是尽可能地让更多人知道你的微信公众号，比如你可以利用微信公众号推广，可以建专栏，可以在相关论坛发帖，并在文末附上二维码。

至于如何实现交易的佣金支付，现在也早已不是问题了，在过去，人们会通过汇款等方式，而现在有了支付宝等支付网关，它们为你提供了专业而安全的转款业务。

16. 游戏试玩平台赚钱

一边玩游戏，一边赚钱，这是真的吗？我们说做游戏试玩赚钱是可以实现的，你首先要注册一个或几个游戏试玩的平台，进入后体验游戏赚钱。

一般来说，玩家在游戏试玩网站注册，网站都会送一定的金币，有的网站注册以后完善信息会奖励一定的金币，推荐新玩家可以赚金币，完成新手任务也会奖励金币，有些还可以通过每日签到赚金币。

然后就可以通过试玩游戏或者打码进行金币的积累，金币可以按比例兑换成人民币，可以直接提现到你绑定的银行卡或者支付宝。

这类网站有很多，比如天天钻、有赚网、快乐网等。

那么具体怎样积累金币赚钱呢？

1.拓展推广渠道

通过微信、QQ、微博等分享网站的推广链接，成功的推荐将获得金币奖励。

2.试玩感兴趣的游戏

有兴趣才有坚持，玩家要选择自己感兴趣的游戏。做游戏试玩时，始终专注于你个人喜欢的游戏，比如你喜欢试玩网页游戏就专注于网页游戏赚钱；如果你喜欢试玩棋牌游戏就专注于棋牌游戏试玩。专注会加快你的升级速度和金币积累。

3.先玩简单的游戏

游戏有难易的区别，玩家会发现游戏试玩赚钱平台每天提供的游戏有很多，游戏的难度也不相同，在选择的时候，尽量选择简单的、玩的人多的，这样你在游戏中有更多的机会可以和别人组队升级。

4.游戏升级攻略多参考

一般来说，试玩的游戏都有简单的升级攻略，玩家不妨花点时间研究一下。这样可以加深对新游戏的理解；而玩过一段时间后，更要注意查看升级攻略，这都是高手玩家的经验总结，对你一定会有所帮助的。

在选择游戏试玩赚钱时，还要注意几个问题：首先，一定要确定你已经达到了法定成年年龄；其次，游戏试玩一般只能成为闲暇时的小生意，不要对结果期望过高；最后，小玩怡情，不要长时间沉迷，此外充值应适度，不要忘记你做游戏试玩的初衷——为了赚钱而不是花钱。

17. 微任务接单赚钱

微任务已经出现几年了，不过很多人还是对这项赚钱方法缺少了解。其实微任务就是一个集成了很多小报酬任务的页面，任务一般难度较低，费时较少，对新人来说比较容易完成，持之以恒也可以赚到不少钱。现在做微任务的平台有很多，比如新浪微博微任务、百度微任务及很多稍小一点的平台。

新浪微博微任务在安全性和交易保障方面做的好一点，所有微博帐号均可以授权“我的微任务”应用，而在通过审核后就可以开始自己的微任务，微博帐号可以自由选择执行或拒绝任务，接受任务后，微任务平台将以微博帐号的身份在任务指定时间发布任务微博，成功执行任务可以获得相应的任务报酬。而百度微任务的任务种类也比较多，比如填写问卷、挂机（电脑和手机）、产品测试（在手机上下载安装运行，发现问题上传）等。

现在也有不少支持安卓系统和IOS系统的微任务APP，网赚族可以自己甄选适合的下载，利用闲暇时间做点微任务，一般来说这种赚钱方式更受大学生和年轻白领的欢迎。需要提醒大家的是，微任务平台一般会收取一定比例的任务结算费用作为平台服务费。

18. 微信转发文章赚钱

微信转发文章平台的赚钱模式大同小异，一般有两种：微信转发到朋友圈，根据点击量计费，推广有奖。目前市面上这类平台有很多，比如人人转发、赚客联盟、微转联盟、玩转了、多赚了、畅分享、并读新闻、创客、疯传、人人齐赚、闪赚联盟等。

微信转发文章赚钱的方法和技巧都比较简单，只要掌握几个要点即可：

1.微信多邀请好友，好友多了不但点击量上去了，而且好友转发你也有钱赚。

2.坚持多转发文章，而且每天转发文章，这样才能汇涓流而成江海。

3.多加几个转发平台，这样赚钱的机会更多。

常用的转发平台有哪些呢?

（1）人人转。人人转推荐一人奖励0.5元，20%的下线提成，第二代下线的0.2元奖励，10%永久下线提成，满30元就可以提现。

（2）微转发。微转发文章被阅读一次，是奖励0.05元，邀请一人获得25%永久额外分成，满30元可以提现。

但在这里还要提醒做网赚的朋友，普通的微信转发文章只能赚“零花钱”，因为随着微信人群的暴增，它的红利也在减弱。要想赚得更多，还是要提升个人的影响力。什么意思呢，就是说你应该争取自己做好的微信公众号，当你累积较多的粉丝数量后，转发一条甚至可能赚到10万甚至20万。

19. 体验达人赚钱

随着移动互联网经济的发展，一门新的网络生意出现了，那就是体验达人。所谓的体验达人，是指网友可以通过下载各类APP试用或者通过锁屏软件赚钱，尽管单笔收入可能只有一两元，但是聚少成多，也是一笔不错的收入。

下面，我们就说一下这种赚钱方法如何操作。

所谓试用APP，就是商家给你指定关键词，然后网赚族自行下载，每成功下载一个APP，并试用一定的时间（通常是几分钟），系统提醒任务完成之后，所获得的报酬就能到账。试用APP其实是刷下载量的，开发者开发APP一方面需要一定量反馈测试bug，另一方面需要累积下载量刷排名。因此，这种赚钱方式应该说比较安全，网赚族所获得的收入在开发者看来不过是一种调查问卷一样的有偿行为。但是在实际操作的时候，大家还是尽量选择较大的、佣金提现标准低的平台（比如10元即可提现）。

在应用商店里，我们能找到不少这样的试用APP平台，比如钱咖（每试用一次可得1.5元）、试客小兵（试玩1个软件2～3.5元不等，下午四点及以后的半点任务最多，10元即可提现）等。这类APP的操作都非常简单，只要按照提示做就可以。

但是这种平台适合兼职做而不适合全职的，因为每天任务不是恒定的，有时候任务多，有些时候任务少，一天能赚三五十元，再多就需要推荐分享了。

再说锁屏赚钱。我们经常能看到有人在朋友圈中晒收益，那么他们是怎么利用锁屏赚钱呢？简单说就是在你的手机上安装个锁屏软件，每天只要动动手指，解锁后点击手机弹出的广告或安装指定的软件就能赚钱。比如酷划、惠锁屏、锁屏赚等都是这一类的。

这些锁屏软件都是利用金钱奖励方式吸引智能手机用户点击广告或者下载软件。

通过与各类企业合作，企业投放广告在此类APP中，APP通过桌面锁屏滑屏等新奇的方式，将广告推送给手机用户，用户通过解锁点击浏览广告。

企业投放广告的投放费用是APP的一部分盈利，而手机用户通过APP点击浏览广告的流量将成为APP的另一部份盈利。

互联网时代，人们对铺天盖地的广告已经感到厌倦了，而此类APP则聪明地将手机用户与企业广告对接，让滑屏点击广告成为使用APP的一部分，而屏保美图也在很大程度上减轻了用户对广告的不适感。

通过滑屏解锁这种高频率的手机使用习惯赚钱触发手机用户的好奇心。

锁屏软件中有“兑换”一栏，即获得的收益有的可以购买虚拟商品、实物商品，也可以直接提现充值。其中把钱转到支付宝中，也可以充话费。

惠锁屏的兑换项目大概有100种左右，涵盖虚拟物品，实物，提现充值等，通常来说支付宝提现是最受欢迎的兑换项目，但是惠锁屏更鼓励虚拟物品兑换，对提现有所限制，限时限量开放，即能抢到即可兑换，没抢到就等下轮开放兑换。而

酷划的兑换项目大概在300种左右，同样也是涵盖了实物，虚拟物品，充值提现和手游礼包，在支付宝提现方面还有额外的返现奖励，另外也没有任何时间和数量上的限制。

锁屏软件一般只能赚一些零花钱，而且网赚族要算好自己的时间和精力支出，避免花费自己很多时间，却无法取得对等的收益。

20. O2O 生鲜赚钱

本地生活服务是距离消费者最近的行业，也是O2O生意的重点。随着互联网的普及和消费观念的升级，互联网变得越来越“生活化”，从餐饮、娱乐、家政到社区服务等，本地化服务越来越多。那么，创业者如何把握本地化市场的需求进而找到适合自己的创业机会呢?

众所周知，本地化服务的精髓在于客人线上下单，享受最便捷的线下服务，本地的围绕着吃住行娱的市场都是本地消费服务业。对客户来说，在附近区域的消费者网上下单后，附近的商家直接按照订单配送就可以了，这种轻资产的运作模式可以有效降低资金投入过高的风险。我们可以毫不夸张地说，这种本地化服务市场正面临着一次井喷，现在正是创业的最好时机。

1.线上线下结合已经成为了无法阻挡的大趋势，这一点从淘宝的演化史就可以看得很清楚，消费者越来越习惯用互联网来帮助决策与消费。

2.智能手机的兴起和普及，使得用户通过移动端消费成为可能。

3.本地服务业的推广费用相对低廉，推广方式也更灵活，对于一般的网赚族来说，可行性更高。

在这一创业领域，我们可以找到不少成功的先行者。下面我们要讲的这个案例是一个赚钱赚到让人眼红的水果摊。生活中卖水果的摊位随处可见，但是下面这家水果摊却通过移动互联网打通了线上线下，一举创业成功。

这家水果摊叫小六水果，没有实体店，走的是微营销的路子，最初是微博营销，后来还开通了微信营销。没有实体店，只需要租一个租金相对低廉的仓库周转货品，这样可以省下不少店面的租金，降低经营成本，但这并不是小六水果掘金成功的关键。那么小六水果最具竞争力的经营策略是什么呢？小六水果如何能够做到在公司只有3个人的情况下经过2年的经营库存为0，2014年销售额达到8000万呢？

小六水果从接到订单到订单配送有一套完整的操作流程，而且与常见的先进货后卖货不同，小六水果是先接受订单再进货，之后再发货，这就能够保证每一批进货都能很快出手，从源头上解决了库存和积货的问题了。但这并不是小六水果最精明之处。要知道如果没有订单，那么就不会有之后的进货、发货、送货的事了，所以从最根本上讲，小六水果的成功之处在于他们能够接到订单，而促使客户下订单的最重要的原因又是什么呢？是小六的产品定位。

和普通的水果摊不同，小六水果不仅水果种类齐全，而且最重要的是他们只卖顶级水果，比如阿克苏苹果、吐鲁番葡萄等，这些顶级水果卖的不仅比市场价要低，而且还送货上门，但是要求200元起送。其实很多客人很难在单一品类上买到200元，不过只要多搭配几种水果就可以了。小六的产品结构是由各类顶级水果搭配一部分时令水果。这种200元的客单件不仅能保证不错的销售业绩，还能组合销售，带动各个品类水果的销售。

如此一来顾客在小六水果不仅能够享受到顶级的水果，还能享受送货上门的服务，同样的商品价格又比实体店优惠，客户当然会选择小六水果！

在这里我们需要提醒有志于做O2O生鲜的网赚族，做O2O生鲜生意同样存在着风险，这个领域可能是进入门槛相对容易、失败率却也非常高的一个方向。大多数创业者都败在了对O2O本地消费创业模式的曲解上，创业者们必须认清一下几点：

新的创业平台。我们需要全新的创业路径、全新的玩法。本地生活相关的服务不是一个新鲜的行业，然而这两年的做法与过往已经有了很大的不同：一方面新的平台正在不断涌现，比如微信及公众号，大力推广线下的服务及闭环；另一方面移动互联网大环境也在不断变化，实时、交互、位置都已经细化到人。

口碑的力量，服务质量的绝对保证。本地生活服务是互联网、消费、现代服务行业的结合，有多少创业者能真正意识到这一点？本地生活消费创业中，对于服务质量的要求更高、更严，因为快速传播的互联网让口碑成为了一种真正的力量，口碑可以成就你，也可以毁掉你。

互联网本地消费创业的路径，正在被不断细分。与从前相比，新一波的本地生活服务公司更垂直、更细分，在本地生活的家政、家电维修、家居装修、美容美发等领域，网赚族希望面面俱到往往不讨好，创业之初在一个点上深挖可能成功率更高。

21. 众筹赚钱

“众筹”这个词最早源自西方国家，意指以展示创意的行为，获得大众的资金援助。之前在国外，说起创业启动资金紧缺，第一时间就是上众筹网；而在中国，不够钱，第一时间就是找老爸、找干爹、找投资方、找银行。相较之下，中国创业项目融资失败率高、起步时间长的必然性就可想而知了，这一现实，也反映出东西方创业观念的差异以及资本市场对创新、创业包容性的高下。

但是近些年来大众逐渐认同了这种的投资手段，众筹也流行起来，这对整个创业圈以及资本市场带来的冲击是巨大的。对于创业者来说，众筹更是一个非常棒的生意模式，试想一下：某天，你想开个小公司，把创业计划书往网上一放，不用几天不仅你的资金凑齐了，你顺便连你的合伙人、员工都招募到了。

说起来众筹做生意的模式是比较简单的：创业者所要做的就是把自己的项目内容以及能够给投资者带来的价值等信息上传到网站，并且提出希望获得集资的项目的金额，项目就可以上线向大众公开筹资了。

我们必须再次指出，对于创业者来说，尤其是产品科技含量较高的创业者来说，众筹是一种再理想不过的生意模式，但不仅仅是一种融资模式。我们下面可以做一分析：

1.众筹能给你的项目做一次很好的宣传。在互联网上做众筹，等于是把产品提前推广上市，通过媒体和网友的分享做了一次预传播，而且还是完全免费的，操作得当甚至能够掀起一阵风潮。

2.众筹能够帮助你迅速找到人脉、资源的支撑。无论你的项目筹资成功还是失败，你都可能会获得一些支持者，总会有人欣赏你的产品，你可能会获得很多意料之外的支持。

3.众筹颠倒了传统的价值链，客户变成了第一个环节。这一点很重要，客户会知道自己要什么，按照客户的需求来设计产品、卖产品，更能迎合客户的心意，产品正式销售后成功的把握也就更大。

目前，一些大大小小的众筹平台不断涌现，比如众筹网、京东众筹、淘宝众筹、轻松筹等，我们在选择众筹平台要慎之又慎。在选择众筹平台的时候，一定要看看平台的背景和实力，靠谱的众筹平台能够给你更专业的服务和更好的保

障。此外，虽然所有的众筹平台都是为了帮助创业者在网上找到投资人，但是每个平台都有自己的特点，比如淘宝众筹偏综合，以预售为主；众筹网合作资源丰富，项目数量大……你需要根据自身项目的特点谨慎选择。

如果你目前没有什么高科技产品，也没有要创业做大生意的计划，只是想卖点东西，那么可不可以做众筹呢？答案是肯定的。以轻松筹为例，我们可以看到有很多产品销售的案例，而且成绩也都不错。但是你一定要做好产品质量和物流的管控工作。

众筹的发起也比较简单。以轻松筹为例，打开首页，点击“发起项目”，进入登陆页面后会直接进入到个人资料，然后我们点击发布项目，之后会出现三个项目：梦想清单、产品预售、微爱通道。因为我们的目标是销售产品，所以点击产品预售，设置截止日期、筹款目标、项目详情、回报等项目，然后就可以发起属于自己的众筹了。需要注意的是，你的标题一定要体现出产品的价值，要有吸引力才行。

22. 域名投资赚钱

所谓域名投资，就是指注册和购买有价值的域名，然后通过转让从而获利的行为。由于域名具有唯一、稀缺、通用和便捷的特性，能够产生较高的商业价值，在互联网时代就催生了一股域名投资热。互联网上流传着一个说法：只要花上几百元投资注册，就有可能转手赚上几百万元甚至上千万元。现实中，也确实有人把域名投资做成了一笔大买卖，比如“微信”双拼域名weixin.com，就在2015年卖出了八位数，让很多人眼热心跳。那么，域名投资应该怎么做呢?

一般注册一个域名花费大约在百元左右，便宜的甚至几十元钱就能注册。域名是有时间期限的，到期了就要续费，否则这个域名就会被撤销让他人重新注册，一年续费的价格在50左右不等。目前，国内投资者常用的域名注册商有易名（http://www.ename.cn）、爱名（http://www.22.cn）、琥珀（http://www.hupo.com）等，这3个注册商均是可以自由过户，自由转移注册商的，相对价格也比较公道。如果不考虑这些因素，更看重服务，可以选择万网。

投资域名时，有的人是快进快出，比如100元买进1000元卖出赚差价；有人是做长线投资，握在手里等个几年域名大涨或者有企业公司要买，那价格可能就要翻几百倍了。

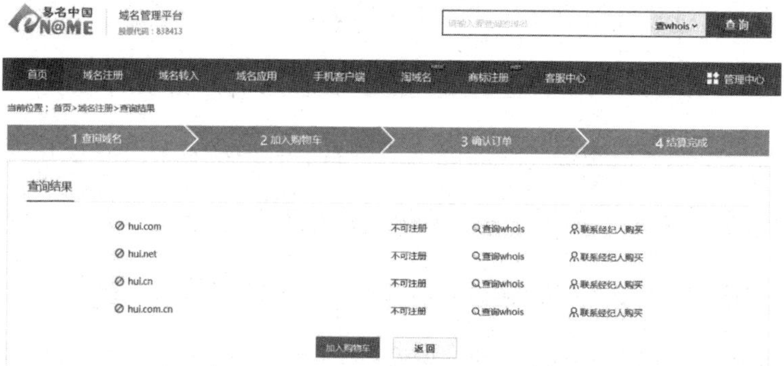

域名的注册流程很简单，选定你要的注册商后，按提示操作即可。

这里我们要重点说的是一些在注册域名时，需要特别注意的问题，比如域名的长度把握、域名的涵义和注册技巧。

1.域名的长度

域名当然是越短越值钱，短的域名不仅易记，而且输入方便，不易出错。我们可以根据域名的长度将域名分为以下几级：A级：域名长度小于5；B级：域名长度在6～10之间；C级：域名长度在11～15之间；D级：域名长度在16～20之间；

E级：域名长度在20以上（不具有太大投资价值）。

2.域名的含义

域名的含义也是决定域名价值的重要要素，如以一些常用的英文单词或中文拼音缩写来命名的域名比较有价值，可将其分为以下几个级别：A级：以一些常用的有意义、简单的英文单词为域名，如bank；B级：以一些简短明了的中文拼音或一些不常用但有意义的英文单词为域名，如1hao（1号）、amazon（亚马逊河）；C级：由两个词合成的域名：如supermarket等；D级：由三个词以上构成的域名：如youcanmakeit等；E级：无明显含义的域名：如wtwewfddg

我们还要注意域名的后缀：.com（用于商业公司）；.net（用于网络服务）；.org（用于组织协会等）；.gov（用于政府部门）；.edu（用于教育机构）等。就其商业价值来说，当然是.com最值钱了。

了解了上述知识，我们在注册时，应该怎样选择域名呢?

1.反向注册。.com时代，优秀的、有创意的域名已经被取的差不多了，那我们不妨逆向思考一下，“反向”设计自己的.com域名，升值前景应该会好过无意义的域名。

2.攀龙附凤法注册。没有好域名，我们还可以借用已有知名影响的域名品牌来衬托设计自己的域名。比如Sohu.com之后，就出现了Sofang、Sobao这样的跟风衍生式域名。

需要提醒网赚族的是，域名注册投资隐藏着巨大的风险，网络上还存在着虚假的域名投资案例，以诸如“通用网址”“网络实名”等名义骗钱，另外，中文汉字注册的域名在目前也没有市场行情。因此，在投资前，一定要多做功课，避免落入陷阱。

23. 微信开餐馆赚钱

如果你有一个实体餐馆，在轰轰烈烈的移动互联网时代，看到别人大把赚钱，你一定也不甘于只是每日开门等待顾客。那么我们怎么做才能分享互联网红利呢？我们建议，餐馆可以建立自己的微信公众号，把生意做到手机上去。

餐馆在做好微信公众账号设计后，就要对微信公众账号的运营做出规划。有规划的运营才能让餐馆利用微信营销达到最佳的效果，对于餐馆来说，微信运营规划常常包括以下4个步骤。

1.要确定微信营销的重点

餐馆要做好微信营销，关键是要知道自己餐馆的微信公众账号上要设置哪些功能，要做哪些内容的展示。餐馆唯有做好这一点，才能让整个营销活动有据可依。除此之外，对于微信公众账号外，粉丝想看什么内容就要为他们提供什么内容，输入什么命令就要给予相应的内容。比如输入“联系方式”可以查看企业的联系方式和地址；输入“你好”可以看到企业的介绍，等等。这些重点方式的设置，能够满足目标人群的需要，以达到吸引顾客的效果。也就是说，微信营销要能够为用户解决实在的问题，而不是简单的广告推送。传统企业的微信营销要帮客户解决实在的问题，而不是不断推送软广或硬广进行销售。要考虑微信公众账号能为用户解决什么问题，这样才能满足用户的需求，如此，营销的效果也有了保障。

2.搭建好微信营销团队

当餐馆确定好营销的重点后，就要开始搭建微信营销团队，甚至可以说，餐馆微信营销效果的好坏是由团队是否优秀决定的。一个好的营销团队首先得有微信营销负责人。微信营销负责人负责的是对整个营销过程进行掌控，要根据餐馆行业特征、品牌定位，确定餐馆品牌的推广目标，制订微信营销平台的建设方案、制订在各网络媒体推广方案；负责微信营销项目方案的策划、创意、执行、运营；提高产品信息的传播量，提高产品在目标客户群中的知名度；根据市场活动运作流程和市场推广计划，组织相应的微信线上/线下活动并形成相应的市场活动评估报告。其次，还要有出色的平面设计人员。图文结合的图片对于用户有超强的吸引力，如果仅仅依靠文字内容来开展，是难以取得良好效果的，这就需要专业的平面设计人员来处理图片。最后，还要有账号运营人员。微信账号运营人员主要负责微信图文内容的发布，以及与客户的及时互动，并负责搜集用户的反馈意见，对用户数据进行分析等工作。

3.逐渐把老客户加进来

餐馆可以利用微信来经营客户，对于餐馆来说，经营一个老客户比获取新客户更能见效益。微信公众账号减少了维护老客户所需要的成本，并且变得非常简单和易操作，因为微信公众账号的功能和内容是在顾客喜好的基础上设定的，这就有利于经营老客户。为了维护老顾客的忠诚度，餐馆要做的是充分利用微信为老顾客提供各种便利，以及优惠信息。除了老客户外，还要不断发掘新客户，并把他们也加入到自己微信账号的阵营中来。

4.要进行全方位的推广

餐馆微信公众账号要想起到很好的推广效果，就要做到全面推广，要在任何能够展示二维码的地方展示二维码，能进行账号域名推荐的就进行账号域名推荐。还要做好门店顾客消费体验，餐馆门店要记住，用户消费体验要真实，也最具说服力。比如一位客户到店内消费，服务人员可以帮顾客拍照片，发到微信的朋友圈，说今天我们店来了一位女士，用餐非常愉快。这样的图片结合，比只把菜品放在桌子上拍很多张图片有用得多，会显得更加真实可信，能刺激更多的顾客走进餐馆消费。要充分利用好活动，我们经常会看到超市搞抽奖活动，比如凭小票另一袋洗衣粉，但前期是要参与抽奖，而抽奖之前要先办理会员卡，否则就不能参加抽奖。餐馆也可以效仿这种方式，鼓励顾客办理会员卡，这种依靠活动的方式来吸引顾客，能够收到良好的效果。在推广的过程中还需要注意不要为了追求粉丝数量而追求粉丝数量。餐馆营销的好坏与粉丝的数量并没有多大的关系，做过微信营销的人都知道“买尸粉，不如无粉”，大量的僵尸粉对于提升餐馆品牌上没有什么价值的同时还会间接造成了垃圾信息的泛滥，微信用户体验值会急剧下降，本来干净的社交工具变得混乱不堪，对于餐馆的长线发展来说可谓得不偿失。要避免这种现象的出现，餐馆就要脚踏实地慢慢积累有效粉丝，也就是忠实的粉丝。

24. 组织团购赚钱

团购作为一种新兴的电子商务模式，通过消费者自行组团、专业团购网站、商家组织团购等形式，提升用户与商家的议价能力，并极大程度地获得商品让利，引起消费者及业内厂商甚至是资本市场关注。据了解，目前网络团购的主力军是年龄25～35岁的年轻群体，在北京、上海、深圳等大城市十分普遍。网友们一起消费、集体维权。同时团购网的公司提供网络监督，确保参与厂商资质，监督产品质量和售后服务。

网络团购作为网上购物的一种组成方式，具备了网络购物的所有优点，如方便、快捷、不受地域限制等。而价格优势又成为其最主要的核心优势，这种优势甚至要比普通网络购物更加明显。

很显然，组织赚取的是组织团购活动的佣金，或与供货商谈好团购后返点。成功发起组织并维护好一个自发团购并非易事，每个组织者的初衷都希望皆大欢喜，但由于经验、能力和外部环境等方面不足，往往事与愿违，接下来就讲讲如何成功组织并维护自发团购。

第一步：鉴别此商品是否适合团购

经常看到某些团购号召无人问津，某些很有价格优势的团购最终由于参加人数不足导致流产，这往往是没有进行是否适合团购鉴别这一重要环节。可以从以下几个标准来辨别是否适合进行团购：

1.是否此商品有大量的消费需求。

2.商品的品质、价格是否适合网友群体。

3.参与团购花费的成本是否低于得到的优惠。

第二步：筛选和确定品牌，并初步建立团购意向

这个阶段往往需要组织者花费大量的时间和精力，对所需要的产品进行品牌筛选和价格认定，你可以根据自己的购买需求，对某品牌进行较为详细的市场调研，在关注价格的同时，更要关注品质和口碑，你需要为自己的购买全权负责。你需要注意以下几点：

1.详细了解该品牌的产地、特点、性价比、服务内容等，尽量选择市场知名度高、品牌形象好的厂商，选择品牌的优先度应该为：（1）市场占有率；（2）服务口碑；（3）性能价格比。

2.确定品牌后，可在互联网上寻找该品牌的厂家或者本地总代理机构，进行初步咨询并要求其进行经销商推荐（多数知名品牌厂家并不直接参与销售，但是由其推荐的代理商和经销商的渠道和服务较为可靠）。

3.在多方比较后，选定经销商电话或上门初步谈判，如其愿意进行团购，应将经销商要求的团购金额及提供的优惠折扣

进行确定。

第三步：上网发布团购意向

1.可在团购网的论坛或者自己的微信公众号中发起团购征集。

2.团购征集贴应明示要团购品牌的团购折扣和团购流程。公开名称产地、看样地址、零售价格、参加办法、报名格式、日期地点等信息并亲自接受报名，提供力所能及的咨询。

第四步：交易

1.将所有网友的订单搜集整理后，与经销商签订团购协议，如有可能，进一步再次砍价或要求更多服务。

2.约定确切时间，并通知网友前往交易。

3.督促经销商落实团购协议条款并做好售后工作。至此，一次成功的团购就初步完成了。

第五步：维护和转接

1.每次团购都会遭遇些售后问题，由于组织者与经销商多次谈判，对于协调售后纠纷的能力较强，所以还应该帮助参加团购的网友进行售后协调，维护消费者权益。

2.一次成功的团购往往会吸引大量的网友继续跟进，你也可进行第二次和第三次的团购组织，有了第一次的经验，后续组织会相对简单很多。

3.在组织团购3个月后，你可以联系团购网，请专业的团购网站接收该项目继续为网友服务。当然，也可以在后续需要购买的网友中挑选有服务热情人士，将该品牌的团购渠道进行交接。

完成以上步骤后，你就成为一个众多网友都熟悉并尊敬的自发团购的“团长”了。

组织团购赚钱的好处是，这是一项单枪匹马就可以进行的项目，而且不需要做库存与物流的工作。

需要提醒网赚族的是，Groupon模式的成功，使得很多人都相继模仿其模式；有的人成功了，也有的人失败了。不要盲目地跟风去操作大家都在采用的团购模式，不要试图烧钱吸引眼球，当心投入比收入更高，只有真正好质量的商品才能打动人心。

25. 微店分销赚钱

如果你没有做生意的本金、没有货源，也没有店面，能否做成一门生意呢？10年前我们一定觉得不可思议，但是移动互联网把不可能变成了可能。比如你可以做微店代销生意，开微店不用进货，自动上货、发货、收款、结算，云端服务器一条龙自动服务，你只管推广就行了，说白了开微店就是做广告，也就是广告推广店，我们可以用微信、微博、QQ、论坛写软文等形式来推广。别人来你的店里买东西了，你就能赚取相应的广告佣金。除此之外，你还可以发展分销商，分销商越多，你的佣金越多，顾客在你分销商的微店产生了购买，你可以获得推广佣金。所以个人觉得微店赚一点。

我们要做的第一步就是选择平台。大的微店平台有有赞、京东微店、拍拍微店等，这些大平台虽然有强大的平台效应，不过佣金相对要少很多，而且现在有不少品牌商推出自己的微信分销平台，其实这样平台同样有品牌的支撑，而且产品更加专一，也比较容易获得消费者信赖。

第二步工作就是选择合适的货源。我们在确定货源前，最好先确定自己要做哪一类商品，不要只是随机在页面上翻找。选定你认为好卖的货源后，在点击“我要分销”，向商家申请分销，得到通过后，就可以将商品转到自己的小店中，在手机上等客人。

要想获得更多回报就要自己多付出。比如，我们可以对可能成为爆品的页面资料予以完善，比如自己拍照片，或者加上使用体验等。同样的描述风格跟优惠条件，是无法体现出小店的特色的。要想做的比其他分销商更优秀，就要更注意这些小细节。

第三步就是推广。可以在朋友圈里做做推广，勤奋一点，每天导入80～100个新的客户，慢慢地你的客户量就上来了。但是要提醒你的是，不要一直在朋友圈刷屏商品广告，时间长了容易引起大家的反感。可以根据自己分销商品的种类，写点心得，发些对你的客户有益的资讯，这样才能更好地维持与客户的关系，并发展下一级分销商。当然，如果有能力的话，建议你做一个微信公众号，这样加粉丝更容易一些。

做完以上三步，就进行到消费者购物环节了。这一步不需要分销商参与，消费者付款后，供应商会操作发货，消费者收到货确认货物没有问题操作确认收货后，再过若干天的冻结期，交易完成，佣金即会到账。若消费者没有主动确认收货，系统也会在7天后自动确认收货。而如果交易不成功则佣金也会取消。分销微店所产生的佣金会打到微店主的后台里，店主可以自行提现。当然，店主也可以在微店后台查看分销商给你带来的佣金等销售记录。

需要提醒大家的是，尽管微店分销商并不负责与产品相关的发货等事项，但也不要因此忽略了售后服务。一旦客户遇到商品方面的问题，分销商应当主动跟供货商写上解决，一次不妥当的处置可能会让你损失很多潜在的客户。

26. 淘宝开店赚钱

在淘宝开店可能成为一门给你带来巨大利润的生意，新手遇到的问题就是没有品牌优势、没有客户基础，这就意味着没有流量。那么新手如何杀出重围，快速积累信誉呢?

1.好好设计你的标题关键词。这一点很多新卖家都会忽略，他们更多地把注意力放在了宝贝的数量和价格的设置上。好像只要有多款宝贝放上去，价格设置低一点，生意就会自动找上门。事实上淘宝的流量大部分都是通过搜索进来的，一个优化后的标题能给你带来更多流量。

开过店的人都知道，淘宝会有一些流量分析工具，请一定要订购，这对于网店接下来的发展很有帮助。比如量子统计可以帮助你发现进店浏览的顾客是通过哪些关键词搜索进来的。我们先来说一下标题的构成，优先级分别为：第一精准热搜词+第二精准热搜词+高点击率关键词+高转化率关键词+宝贝属性词。热搜词就不必说了，这里重点说一下高点击率关键词和高转化率关键词。高点击率关键词的选择方法主要参考关键词可用性，也就是与宝贝的相关性，此外还有搜索量和点击率，一般情况下，选择与宝贝属性相关，有一定搜索量和3成以上点击率的关键词；而高转化率关键词是比较难把握的，因为这类词一般与宝贝属性紧密相关，如果暂时找不到也不用担心，可以选用第三精准热搜词或自己设置属性词；

下面我们举例来说一下如何设置宝贝的关键词。我们以“羊绒大衣”为例来与大家分享如何设置关键词。我们先试着从淘宝首页搜索关键词“羊绒大衣女”。

从上图可知，在淘宝搜索框中搜索“羊绒大衣女”会有非常多的关键词，例如：毛呢外套、长款、短款、欧美时尚、修身显瘦、皮草控等。那么，什么样的关键词才适合放到宝贝标题里呢？这就要从卖家的量子统计里找热门词了，比如“双面、高端、奢华、秋冬新款、宽松、中长款、纯手工、英伦风、显瘦”等。接下来，你就可以结合自己店中商品的实际情况，给关键词做一个排列组合，比如【满百包邮双面呢大衣女中长款2016秋冬新款皮草控双排扣显瘦加厚外套】。淘宝用户就是直接用这些热门词去搜索宝贝的，而您家的宝贝中刚好含有这些关键词的话，被搜索的机会就增大了，流量就这样来了。特别提醒一句，标题尽量要写满30个字，多一个关键词就可以多一些流量。这样，一个囊括了大部分热门关键词而且与商品属性非常贴切的标题就出炉了。而接下来的工作就需要大家通过举一反三，按照自己店出售的商品来为每类宝贝收集好热门关键词，像照顾孩子一样细心地为自己的每一个宝贝起一个能带来好搜索量的标题。

2.宝贝上下架的技巧。这也是很多新手容易出错的地方。我们知道宝贝上架可以选择7天后下架或14天后下架，淘宝搜索排名的规则是宝贝越接近下架，排名越前，那么我们当然就是要选择7天后下架了，因为这样一个宝贝每周都有一次下架，也就是每周都有一次机会排名靠前。如果宝贝在排名靠前的时候，刚好是搜索人数比较多的时候，那宝贝所引来的流量就更多了，如果宝贝在搜索人次特别少的时候下架（比如深夜），那就基本上得不到流量了。因此在上架时，我们应该把较多的宝贝放在搜索黄金时段上架，非黄金时段要少放一些，深夜或早晨时段没有搜索就干脆不放宝贝上架，这样宝贝就会在搜索排名中发挥到极致，流量也会最大化。

具体地来说，我们可以用这样的方法上架：上午9点到12点逐渐增加宝贝上架数量，中午12点到下午13点尽量不安排上架；下午19点之前尽量不要安排上架，上架的黄金时间是晚上的20～22点，这段时间里是买家搜索的高峰期。

最后，我们还要好好利用橱窗推荐位。很多新手易犯的错误是过于重视掌柜推荐位，忽视了橱窗位，事实上橱窗位是对流量获得是非常有帮助的。橱窗位是淘宝给不同信誉等级的店铺相应数量的搜索优先展示位，淘宝搜索时会优先排列有推荐橱窗的宝贝，因此我们要把有限的橱窗推荐给最接近下架时间的宝贝，这样宝贝搜索排名就会大大提前。另外还可以把两三个最热销的宝贝长期推荐橱窗位，让它一直接热销，而那些与吸引流量无关的宝贝（如邮费专拍宝贝、差价补拍宝贝）永远不推荐上橱窗。最后橱窗位不要出现空置，宝贝一旦下架了就需要把该宝贝的橱窗位空出来推荐到另一个宝贝上。

3.推广。现在在淘宝上做生意已经不再像过去那么容易，要想在这里取得成功，就得付出更多的努力。我们知道在淘宝上，主导销售量的因素有很多：信誉（最为关键）、价格（次之）、服务、流量、口碑等，每个因素都是致命的，而对于淘宝新手来说，你所要考虑的就是将自己的新店推广出去，只有流量才能让你生存下去。

那么，新手做淘宝可以采取哪些推广方式呢？

第一种：直通车推广。这种推广吸收的是站内的流量，对于一个新出生的网店而言，它是一个强大的外推力，当然，它的价格也比较昂贵。但是这种“贵”还是物有所值的，只要你的产品质量好，那么“开车”一定的划得来。但是在这里要提醒创业者，在上直通车之前，请一定多花点时间研究一下关键词的转化率，让你花出去的每一分钱都有价值。

第二种：广告位购买。与直通车不同，这种推广方式吸收的是站外流量，比如说一些生活类的网站会有很多有潜力的客户，而买广告位就是利用这个外部资源。广告位的价格从几百到几万不等，要看网站的规模和流量大小。

第三种：淘宝客推广。这一部分我们后面还会重点提到。

第四种：淘宝社区论坛推广。这种是软文推广，在论坛上面写文章来引流是不可缺少的一种推广方式，很多上钻用户或者上皇冠的用户，都是会雇佣一定的人员进行书写推广。这种推广的意义是，让淘宝论坛社区浏览的用户关注我们，从而进入到我们的店铺，转化为流量。

第五种：问答平台推广。这是一种卖家自己就可以进行的推广，网络上有很多问答平台，比如问答系统不知道大家有所了解没有，我们都有个擅长的领域，比如百度知道、爱问知识人、360问答平台、搜搜等，上面可能会提到一些手表的真假辨别，外贸店推荐等问题，这都是有一定商机的，我们可以通过搜索去主动回答，推荐一下自己的店铺或产品。当然，回答时要注意委婉一些，硬广告总是会让人反感的。

第六种：QQ群推广方式。这种方式很简单，就是加入QQ群，在群里面直接发广告。说得更具体一点，就是把自己店铺的店铺活动、宝贝促销等信息通过发送到不同行业兴趣爱好的QQ群，同时发送群邮件，即使没有上线的QQ用户，在查看QQ邮箱时也能查阅到您的推广信息。在推广时要注意，QQ群发内容要简短、具有吸引力，这样能在瞬间吸引用户的眼球，达到理想的宣传效果。

第七种：微信火了之后，一大堆天猫、淘宝卖家都纷纷开通自己的公众账号，成功者甚至把主战场搬到了微信上。那么怎么在微信上推广自己的店铺呢？首先建立一个服务号，专注一个即可，不要做太多服务号；对于高客单价的产品，需要信任的产品，回头率高的产品，其实也可以做个人号；推广时也可以找大号帮忙推广或者用小号加好友群发；利用好信息中“阅读原文”，很多人都忽视了这个细节。我们知道微信信息中没有办法放超链接，只有在“阅读原文”可以放上超链接，通过“阅读原文”可以给企业手机网站增加客户，也可以链接以前发送的微信信息。

4.注重于买家的沟通。在淘宝上做生意，有一点与线下是相同的，那就是要跟买家沟通交流。说的更明白一点，淘宝卖东西也是一种销售行为，良好有效的沟通才能提升销售，留住客户。

首先，一定要讲诚信。无论从销售的过程来看，还是从长远的销售利益来看，诚信都是立足之本，是买卖的第一步。创业者应该时刻从买家的角度去看待买家问的每一个问题，考虑他们想了解什么东西，需要什么样的东西，沟通环节流畅，你的观点才会得到他们的认同，同时采用真诚的态度对待他们，不要隐瞒任何问题，认真回答他们。另外就是千万不要胡乱许诺，新手店主尤其应该注意这一点，如果你在售前许下很多承诺，一旦买家买走商品就翻脸不认人，或者商品出现问题之后，推三推四，不讲信用，那么差评也会让你的店铺无

法生存

其次，新手卖家要储备尽可能多的专业产品知识，在买家咨询时给出专业的意见。店主就要做到对自己的产品特性了如指掌，善于介绍产品的优点，冷静对待产品的缺点，面对买家的问题对答如流，准确到位，能给他专业的意见，切忌含糊其辞，答非所问。了解自己的产品自己才会有最基本的信心。

再次，沟通要注意细节。在淘宝开店创业，你的客户是来自全国各地，有的甚至是偏远农村。那么物流就是一个大问题，确认地址后，不妨和买家一起确认一下哪家快递能到，这样的物流方式行不行，多做一点点，可省去不少不必要的麻烦。

最后，友好热情的沟通要贯彻始终。给买家发完货并不是服务的终结，在买家确认付款以后，经相互评价后也给买家发一两句简单的话或是愉快的表情，虽然花了一些时间，可全程周到的服务一定会让买家对你有较深的印象，也许下次有需要时还会光顾你的店铺的。

27. 外贸服装生意赚钱

外贸服装是指国内服装生产厂家根据国外来料、来样或国外来样、国内选料加工然后发货给国外客户的服装。在完成订单后剩余的那部分产品就叫外贸尾单。外贸服装由于是出口国外，因此执行的标准也相应比国内要严格，所以质量也比同类产品要高，致使有相当部分外贸尾单成为了广大消费者抢购的对象。根据其品质，一般有原单货、跟单货、追单货、仿单货之分。

原单货（也叫余单、尾单）：国外大品牌提供面料、版型，到国内寻找厂家生产。质量合格的，就是专卖店里的真货。它是生产厂家从不到3%的“计划报废物资”中抠出一点，偷偷加工的成衣。它和真货的唯一区别，不过是“庶出”而已，数量很少，碰着了算你运气。此外，还有一种原单货是因为种种问题而被品牌商拒收的“外转内销”货，有时数量颇多。最常见的是颜色差异，即与外商要求的不一致，但是质量仍然能够保证。

跟单货：原版面料，搭配一批国内辅料，凑合出原来的款式，这就是跟单货。虽然做工马虎点，细节差点，但毕竟与正品有一样的版型和面料，关键是“血统”相同，穿上身，大体样子不会变。

追单货：当厂家的原版面料全部用完，商家又追着要货，怎么办？好在版型仍在手上，就在国内采购一批类似的面料充数，这就叫追单货。

仿单货：质量最差的一种，也是市面上最泛滥的一批。眼见“原厂三兄弟”（原单货、跟单货和追单货）横行无敌，小厂看得眼红，便跟着“驳”。“仿单”大户只要瞄一眼巴黎时装发布会上的成衣照片，就能仿出来。

外贸服装款式规格往往是按照欧美人或者日本、韩国人的喜好，其款式往往超前于国内消费者的眼光，规格也不一定符合国人的身材特点，但是因其独特的外观、良好的面料、精细的做工、相对低廉的价格还是受到了不少国内消费者的喜爱。微商做此类项目赚取从厂商处拿货价格与出售价格之间的差价。

通常来讲，经营外贸服装并没有特殊的技能要求，只要在进货时具备基本的鉴别能力即可。真正的外贸服装一般会随衣带着印刷精细的纸牌，表明服装的品牌、面料、规格、洗涤说明等，衣内的洗涤带、成分标等也都是缺一不可，假的外贸服装衣内的洗涤带、成分标识或者缺少，或者与真货有差别，但真货的这些标志上的文字必然是外文，至于使用中文的就绝对是假货。

现在有很多服装批发市场，都会提供所谓的外贸服装尾单类服饰，但其中真品较少，需要你拥有一双火眼金睛来寻觅，因此，经常性地频繁光顾服装批发市场，是获取最新服装版型的最佳方法。

建议你最好拥有几个比较固定的进货摊点，一来可以随时得到新版上架的消息，二来旧版也可以方便退换，不要小看这个退换，一旦网店运营起来后，你就会发现，随时调整版型是多么的重要，那时，你就会知道能够退还版型的巨大优势了。

另外，你也可以联系一些服装代加工厂，这类厂商在广东、浙江较多，他们一般都会拥有替大品牌OEM加工的服饰，这类服饰也多半都会有所谓的尾单，但其实都是代加工厂私自存留的服装。

经营外贸服装，在初期时一般不需要太多的资金预算：

一个办公兼库房的房间（如果你有自己的住房则可以不计算房租费用），200件左右的库存，一台能够拍出美美照片的照相机，一些小道具，一些发送快递的纸袋、纸箱、封装胶带等。

结合启动时对自我运营能力的评估（在开业时可以先少进一些服装试探市场反馈，然后根据市场结果，逐步增加库存），做一家小型外贸服装网店，大概的启动预算仅需要5000～15000元。

更重要的是，在项目启动初期，仅一人即可完成所有运营工作。这其中包括了进货、理货、微信（淘宝）销售、发货等流程。

库存一定要控制好，你不需要大量库存，最好随时根据市场需求来调整备货情况，大概50～70件左右服装版型（包括颜色差别），以每个版型3～5个尺码来计算，200多件库存即可。当然，在创业初期，对市场还不能正确掌握和熟悉的情况下，最好先用几十件版型的常用尺码，来试探市场的需求情况，然后再根据顾客需求，来增加和调整库存。

经营外贸类服装，首先要时刻关注时尚杂志，看看国际上最新的潮流趋势，其次要经常去服装批发市场走访，寻找是否有最新的版型。

随时保持与服装市场摊主的联系，只有更快地更新服装的款式，才能获得更多顾客的光临。

此外，如果在微信朋友圈销售的话，会员制、礼物馈赠等方式，也适用于此类项目。

在改革开放初期，大量的出口转内销服装成为了国人的热爱，但是国内服装品牌经过了多年的成长与历练，已经发展的相当成熟，所以，外贸服装也随着国内服装市场的兴起，逐渐走起了下坡路。但是，如果你经营得当，完全可以利用外贸服装经营门槛低、消费群体广的特点，来作为小网店走向大卖家的跳板。

28. 运动服装生意赚钱

运动服装是根据各项运动的特点、比赛规定、运动员体型等因素以及有利于竞技的要求而制作的服装。运动服装可分两大类：一类是一般运动服装，如背心、短裤等；另一类是专用的运动服装，即专门用于某项运动的服装，如击剑用的金属衣、冰球服、登山服等。

2008年奥运会成功举办后，国人对体育运动的兴趣日益高涨，同时随着现代化节奏的加快，人们对健康的追求也日益提高，运动服装将会拥有广大市场。

随着现代年轻人追求健康舒适生活的迫切需求，运动休闲服装市场看好，尤其以东欧、南美及亚洲地区潜力最大。

据报道，全球运动服饰市场销售地区目前以西欧及北美地区为主，占全球市场消费的80%左右，其中美国市场占50%，欧洲地区占30%。此外，日本也占有10%左右的市场份额。但是因为欧美市场开发较早，未来市场潜力有限，在1995～2000年期间，西欧地区市场消费增长率仅有3.3%。

运动休闲服饰通常能结合多种机能，表现出吸湿排汗、伸缩弹性、轻量柔软等特性。目前，由于全球注重研发技术，纺织服装业制造了很多智能型纺织品和运动服装。

因此微商或淘宝店做运动服装，也是一个不错的选择，此类项目主要是赚取从厂商处拿货价格与出售价格之间的差价。当然，如果你能成为某些知名运动品牌服饰网店的代销，那么你可以通过代销其产品来赚取佣金。

通常来讲，经营运动服装并没有特殊的技能需求，但如果你能在商品展示中，多加入一些身着运动服装的实拍图，可能会增加一些销售机会。

运动服装的货源是比较广泛的，你可以去各大服装批发市场自行采购，也可以直接与服装工厂联系，批发或代理。

世界上许多体育发达的国家，很重视运动服装的研究。服装要求轻便、贴身、柔软、有良好弹性，以有利于发挥运动的技术水平，式样美观大方。德意志联邦共和国、日本、美国等国的运动服装，丹麦的冰球服装，法国等国的登山服装，澳大利亚的游泳衣等，都具有各自的优点和特色。

过去中国专门生产运动服装的工厂极少，产量不多，品种也少。不过现在中国已能够生产适合各种体育项目的运动服装，在产量上基本上能满足国内市场的需要。上海、天津、青岛等地生产的运动服装质量都较好，有的已达到世界先进水平，有些优质产品还外销到世界许多国家。

经营运动服装与外贸服装类似，在初期时一般不需要太多的资金预算，大概的启动预算也是在5000～15000元。

运动类服装的促销，你需要多花一点心思，除了在朋友圈或微信公众号及淘宝店中发布外，你最好加一些体育类QQ群、体育论坛等，在上面进行推广。总之，加大你在各个与体育健身相关领域的知名度，扩大此类朋友的圈子，是聚敛回头客的最好办法。

在最近几年的网店清查中，几乎每年都会有大量的经营盗版运动品牌服饰的店铺被查封，因此，谨慎经营，不能确切获知是否为盗版的知名品牌运动服饰不予经营。

29. 男士衬衫生意赚钱

衬衫是穿在内外上衣之间、也可单独穿用的上衣。衬衫种类繁多，无论是正规场合的西服还是度假时的休闲服搭配，处处离不开衬衫。何种场合穿何种衬衫，如何穿法，给人的印象全然不同。

一个男士对衬衫的选择，不但很直接的体现了他外在的审美情趣，同时也客观的展现了他内在的个人素养。由于男士服装不像女士服装那么色彩款式多样，经营男士衬衫也就不像经营女士服装那么繁琐，需要那么大量的库存。同时因为男士衬衫的款型以及号码很容易识别，大多数时候不需要特别试穿即可购买，也就特别适合网络销售的模式。

从市场运行状况来看，衬衫市场呈现出一种稳定上升的趋势。目前，市场上主要有正装衬衫和休闲衬衫两种。休闲衬衫与正装衬衫相比，更能体现穿衣人的个性，更能符合着装个性化的发展趋势，因此成为近年来衬衫的主要发展方向。另外，一些品牌还推出休闲商务装的着装理念，让职业装和休闲装合二为一，将成为衬衫市场上一道靓丽的风景线。

对于不同的衬衫领型，有不同的注意事项。

异色领：品位型白领子的素色或条纹衬衫，有的袖口也做成白色，领型多为标准领或敞角领，领尖形状也颇多，通常为圆形，与佩兹利涡漩纹般配无比。选择异色领的男士，在搭配上一定要注意协调；否则，一不留神就会被归为没品位一类。

敞角领：浪漫型左右领子的角度在120～180度之间的领子，又称温莎领或法式领。据说当年不爱江山爱美人的温莎公爵最喜爱这种领子，与此相配的领带领结称温莎领带，领结宽阔。新世纪浪漫风潮的回归，温莎领再度流行，但与之相配的领带则是流行稍小的准温莎结，于复古中反映近年来精致的现代思潮。

纽扣领：运动型领尖以纽扣固定于衣身，原是运动衬衫，是所有衬衫中唯一不要求过浆的领型。典型的美国风格，随意自然，舒适便捷。这一领型多用于休闲格的衬衫上，如牛仔衬衫，多以方格花纹或波尔卡圆点图案为主，面料采用一般结构的纯棉织物或牛津纺，但也有部分商务衬衫采用纽扣领，目的是固定领带，所以最好与细结丝制领带相配合，以领带只绕一圈的细结为佳。

尖领：时尚型细长略尖的领型，线条简洁得体，具有新世纪服饰多元化的特点，对领带不是很挑剔，抽象一点、卡通一点、稍稍艳丽的印花、古典型的条纹皆宜……尽情发挥其创意，尤其适于搭配最新流行的窄驳头两粒扣西服外套，时尚又内敛，极适于不喜张扬的都市白领。

通常来讲，经营男士衬衫并没有特殊的技能需求，只需要掌握基本的常识即可，譬如了解衬衫的质地、挑选法、穿着法以及与领带的搭配法等。

可以去各大服装批发市场自行采购，也可以直接与服装工厂联系，批发或代理。如果条件许可的话，建议使用OEM形式在固定的服装加工厂订制属于你自己的衬衫品牌。

经营衬衫类服装，在第一次进货时，你或许每种版型都要备齐尺码与颜色，以方便拍照，如此算来，在创业初期你或许就要开始占用资金在库存上了。按30个款式，每个款式3个尺码，3种颜色来计算，你大概会需要300余件衬衫样品。平均每件衬衫的进货价格在25~50元之间，大概的启动资金在7500~15000元。

再次强调，不需要大量库存，最好随时根据市场需求来调整备货情况，大概50~70件左右服装版型（包括颜色差别），以每个版型3~5个尺码来计算，200多件库存即可。

当然，在创业初期，对市场还不能正确掌握和熟悉的情况下，最好先用几十件版型的常用尺码，来试探市场的需求情况，然后再根据顾客需求，来增加和调整库存。

不要让个人的喜好，成为采购时的决定因素，而是应该根据市场需求，和潮流走向，来制订采购计划。

如果微商做男士衬衫，记住批量发图文消息，但是不要太频繁。我们建议你可以自己做图文帖子到各种论坛发贴，当然帖子也要写得到位，需要用到关键词，如果关键词用到位的话，那你的帖子就有可能被百度收录，进而被更多人搜索到，给你的小店带来流量，生意自然也就蒸蒸日上了。

30. 帽子生意赚钱

帽子是戴在头上保暖、防雨、遮日光等或做装饰的用品。帽子的品种繁多，按用途分：有风雪帽、雨帽、太阳帽、安全帽、防尘帽、睡帽、工作帽、旅游帽、礼帽等；按使用对象和式样分：有男帽、女帽、童帽、少数民族帽、情侣帽、牛仔帽、水手帽、军帽、警帽、职业帽等；按制作材料分：有皮帽、毡帽、毛呢帽、长毛绒帽、绒线帽、草帽、竹斗笠等；按款式特点分：有贝雷帽、鸭舌帽、钟形帽、三角尖帽、前进帽、青年帽、披巾帽、无边女帽、龙江帽、京式帽、山西帽、棉耳帽、八角帽、瓜皮帽、虎头帽，等等。

在朋友圈、微信公众号及淘宝店做帽子生意时，你需要对各种脸型的人适合佩戴什么类型的帽子，或什么服饰穿着应该搭配什么类型的帽子，要有独到而且符合审美潮流的见解，这样当你的顾客咨询你的时候，才能够感觉到你的专业态度。

首先要根据脸型选择合适的帽子。人的脸型主要有方型（国字脸）、圆型（圆脸）和尖型（尖脸）三种。圆脸戴圆顶帽，就显得脸大、帽子小，如戴宽大的鸭舌帽就比较合适。尖脸的人戴了鸭舌帽就显得脸部上大下小，更显瘦削，因此戴圆顶帽比较合适。国字脸的人戴所有的帽子都比较合适。

其次要根据身材来选择帽子。身高的人帽子宜大不宜小，否则给人头轻脚重的感觉。身矮的人则相反。个子高的女士不宜戴高筒帽，否则给人的感觉是“又”长高了。个子矮的女士不宜戴平顶宽檐帽，会显得个子更矮。戴帽子和穿衣服一样，要尽量扬长避短，既要使自己戴了满意，又要使人看了雅观。帽子的形式和颜色必须和衣服、围巾、手套及鞋子等配套。戴眼镜的女士们，不要戴上面有复杂花饰的帽子，不宜将帽子遮住额头，帽子要高一些。

帽子的货源不难找，你可以去各大服装批发市场自行采购，也可以直接与服装工厂联系，批发或代理。

经营帽子类产品，在初期时一般不需要太多的资金预算，一般来说一万元左右就差不多了。不需要大量库存，最好随时根据市场需求来调整备货情况。譬如你需要随时观察最近的帽子流行趋势，从而有针对性地采购帽子，并进行促销。

喜欢购买各类时髦帽子的年轻人，必是当代年轻中的潮人代表，因此，结交更多此类朋友，了解他们的需求，然后去有所针对地进行采购，在销售时才能获得更多回头客。另外，时常去了解和获知最新的明星服饰佩戴，很可能，某个明星今天戴的帽子，在明天就会成为潮人们采购的潮流。此外，会员制、礼物馈赠等方式，也适用于此类项目。

另外要提醒的是，千万不要让个人的喜好，成为采购时的决定因素，而是应该根据市场需求，和潮流走向，来制订采购计划。

31. 内衣、睡衣生意赚钱

内衣和睡衣需求量大，也是微商及淘宝等网店销售的重点项目之一。

1.内衣生意

还有什么会比内衣更让女人感到暖心呢，似乎每一个女孩子都对内衣情有独钟，她们拥有着各自不同的审美情趣。同时，赠送内衣给女孩子，似乎也成为加深情侣之间感情的最佳手段。

在通常情况下，内衣是指贴身所穿的衣物，包括背心、汗衫、短裤、胸罩等。它是穿在其他衣物内的衣服，通常是直接接触皮肤的，是现代人不可少的服饰之一。现代的女性内衣包括遮蔽并保护乳房的胸罩及保护下体的内裤；男性则指三角裤及四脚短裤。

现代的内衣除了贴身外，更渐渐发展为多功能内衣，除了保护身体外，还有矫型的功用。“保暖内衣”是一个现代词汇，相对要比普通内衣更保暖，普通内衣则单薄轻盈些。

随着人们收入的增长和对内在穿着的品质要求的提高，内衣行业也逐步发展起来。在中国的传统观念中，内衣是不能被人看到的服饰，同传统的袍衫一样，平面、含蓄、掩饰人体即可。随着社会的发展，使得人们的生活方式、思维都在改变，流行的时尚标也在不停的变幻来满足不同的消费者日益变化着的各类需求。对服饰的要求而言，逐渐从对外衣的讲究转变为对内衣的关注。

近10年来，中国服装业的蓬勃发展有目共睹，从生产能力、到品牌运作都在不断的发展成熟中，并逐步与国际水平接轨。而与服装行业密不可分的内衣市场，经过多年的培养后，不断扩大、细分、专业化，中国内衣行业的市场潜力犹如一块肥沃的土地，一旦播种，收获在即。据统计，近年来我国内衣市场每年有上亿元的利润，而且在未来10年内还将以20%左右的年增长率递增，吸引了众多商家涉足该行业。可以说，在这股势不可挡的商业暗流里，每个人都在谋定思动，势在分享中国内衣市场这份丰盛的晚餐。

而如果你能够成为一个内衣的导购专家，那么你不妨也可以替大卖家进行代销，从而赚取佣金。

我们需要注意的是，内衣与其他服装不同，这是一种贴身类商品，而出于卫生的考虑是无法退换的。因此你一定要对对各种体型所应该穿着的型号有所了解，同时也需要对内衣的各种版型有所了解，此外，还要对商品进行试穿，给出准确的尺寸和试穿效果描述。

上胸围尺寸：以BP点（bustpoint，乳点）为测点，用软皮尺水平测量胸部最丰满处一周，即为上胸围尺寸。

下胸围尺寸：用软皮尺水平测量胸底部一周，即为下胸围尺寸。

确定文胸的尺码：罩杯的大小就是上胸围减去下胸围的差。

一般来说，上、下胸围差在10cm左右选择A罩杯，12～15cm左右选择B罩杯，15cm左右选择C罩杯，15～20cm左右选择D罩杯，20cm左右选择E罩杯，20cm以上选择F罩杯。

内衣的进货是非常方便的。基本上在每个城市的服装批发市场，都会有固定的区域作为内衣的专门销售区，这也可以看出内衣市场在服装行业占有多么重要的地位。譬如广州的高第街。十几年前，高第街并不像现在这样内衣比较集中，原来主要是经营百货、服装、鞋帽等，随着人们收入的增长和对内在穿着的品质要求的提高，内衣行业也逐步发展起来，从最初的几家内衣档口发展到两三百家。品种、品牌也越来越丰富，从最初的秋衣等单一产品发展到文胸、家居服、休闲服和彩棉等多种产品。

初期一般不需要太多的资金预算。一家小型内衣类服装网店，大概的启动预算需要8000元左右。

在物流方面，你要注意，因为胸罩类产品的特殊性，它需要有一定的存放空间，所以一定要用质地良好的盒子做外包装，这样才可以避免在投递过程中，因挤压而产生的商品变型。

爱美是每个女孩子的天性，如何抓住女孩子的爱美心理，是做好内衣销售的第一环节；同时，你也需要让你的顾客知道，你所销售的内衣，除了价格以外，还有哪些特点是其他内衣店所不具备的，譬如质量的保证、款型的保证等。

加入女孩子喜欢去的生活圈，多去女孩子们聚集的论坛，结识更多爱美女孩子是内衣店主的必修课。在朋友圈、微信公众号及淘宝网店销售时，记得一定要把照片拍的唯美，突出细节，必要的时候可以给内衣搭上一些小配饰，这样更能吸引眼球。

需要提醒网赚族的是，在网上做内衣类生意，一定要把好质量关。因为内衣是和人体皮肤直接接触的服装，包括文胸、背心、内裤、汗衫、T恤、文化衫、衬衫、棉毛衫裤等，因此它们与人体的健康有很大关系，本着为顾客着想的思路，在选购时要多注意，千万不要图便宜，采购了质量低劣的产品，从而害人害己，网络时代口碑的重要性我们每个人都知道。

2.睡衣生意

睡衣早已成为西方式生活的象征。说到这个词的起源，你也许会大跌眼镜，因为如此洋味十足的东西竟是个地道的外来词。原词“paejama”来自北印度语，它由波斯语中的“pai”和“jamah”两个词组合而成。“pai”在波斯语中表示“腿”，而“jamah”表示“衣服”。“pajamas”顾名思义就是腿部的服装——裤子，这本是一种中东和印度人外出穿的宽松裤子，然而欧洲殖民者们别出心裁赋予了它新的作用——睡裤。起初并没有睡衣，后来睡裤传到寒冷的欧洲后，人们才发明了睡衣。

睡衣正日益成为每个家庭在家居生活中必备的服装，已经完全从一个可有可无的角色，转变成为不可或缺的服饰。并且，睡衣由于宽松的尺寸要求，也没有其他服饰对型号尺码那么严格的要求，这么说来，它似乎比衬衫还要更适合网络销售。

如果你是一个手工灵巧的人，那么你也可以选择出售自己制作的睡衣，相对于其他服装类别，普通睡衣对制作工艺的要求并没有那么高。所以，为顾客订制独一无二的睡衣，也就成了一个商机。那么你大概需要拥有基本的缝纫与剪裁技巧。同时也需要对各种睡衣材质有所了解。

目前市面上睡衣的面料呈现多样化。各种质地柔软、透气、挺括滑爽、易于吸汗、色彩高雅华丽的面料，如织锦缎、印花富春纺、丝盖棉等织物制成的睡衣备受青年人青睐。特别是豪华型真丝睡袍，男士穿着显得气度不凡，女士穿着显得飘逸俏丽。而且款式也趋于时装化。目前市场上新推出的倒梯形、长方型、漏斗型等各式长袖短袖睡袍、睡裙，时装味浓，十分美观舒适。有些睡衣还在衣领、袖口、袋边等部位配有装饰花边或绣上印上精美的图案，造型别具一格。不同地区、不同年龄、不同收入的消费者对睡衣的需求差异较大。中老年人喜欢毛巾布、纯棉面料制成的宽松舒适的睡衣，一般消费者则喜欢价廉物美的纯棉布、泡泡纱等吸湿、透气性好的面料制作的睡衣。

当然更多的网赚族会选择去各大服装批发市场自行采

购，或者直接与服装工厂联系，批发或代理。一般来说，经营睡衣类服装，在初期时一般不需要太多的资金预算。因为并不需要太多的款式与花色就可以开始营业了，一家小型睡衣类服装网店，大概的启动预算需要3000～8000元。

睡衣经营同样不需要大量库存，几十件也同样可以开始你的营业。如果你是一个订制式的睡衣销售网店，那么各类适合睡衣制作的纯棉布匹，将需要你根据制作需求来采购一些作为库存。好在除了特殊订制之外，其他的你都可以根据自己的喜好来订制各款充满了你个人创意的睡衣。

博得更多的家庭主妇们的关注，是此类商品获得更大市场的关键。当然，你也不要放过那些爱美的小女生以及热恋中的情侣。同时，你也该明白，促销等诱惑人的销售手段，会为你吸引更多的在家庭中喜欢购买特价产品的顾客。

请特别注意睡衣材料质地的选择，要知道，它可是伴随你顾客每个夜晚的贴身衣服。回头客以及口碑营销是这行里最好的推广手段，而只有良好的品质，才会令更多的顾客愿意重新光顾，并将你推荐给他的朋友。

32. 女士饰品生意赚钱

在日、韩、欧美这些国家，饰品行业已是相当大的产业。而在我国，随着生活水平的提高，人们对于美、个性、自我的理解日益加深，饰品行业悄然起步、快速升温，可谓是前景无限。

根据网络购物调查，爱美的女孩子流连最多的网店，饰品店铺长期排在了前三名之中，甚至一度成为各大网店平台销售冠军。时尚饰品让女人释放美丽，美丽情结让女人慷慨解囊，而女性在四处寻找着时尚饰品，可是其却零零散散，没有成型的女性时尚专业经济圈。女人无奈的叹气声，敲击并触动着商贾投资者的神经。

随着社会经济、文化的飞跃发展，人们正从温饱型步入小康型，崇尚人性和时尚，不断塑造个性和魅力，已成为人们的追求。因此，顺应时代的饰品文化显示出强大的发展势头和越来越广的市场，从事饰品销售有着广阔的利润空间。

据我国权威机构对中国女性饰品市场的调查，我国女性饰品市场均占有率不足5%，而日本达到98.2%，泰国为

68%，中国香港为54%，新加坡为48%，马来西亚为47%，而女性用品消费率正按19%的年增长率递增。

中国有13亿的人口，6亿多为女性，按每10人有1件饰品计算，需要6000多万件，这是一个巨大而前景广阔的市场。

做女士饰品生意最好选择一些专业的饰品公司进行代销，理由如下：

1.这些产品谱系全，品种繁多，广告投放已成一定的市场，在一定程度上可以满足不同层次、不同职业、不同年龄、不同民族的消费者。

2.由于这些饰品设计本身就具备自己的风格，并有着与众不同的特色，饰品也与世界流行元素同步，所以在市场上吸引了很多爱美的女性。

3.鬼斧神工的创意，奇思妙想的款式，倾注了专业设计师的心智结晶。品牌效应突出，产品附加值高。

4.这些产品通常选择考究，精工制作，价格实惠。与一般粗糙的手工制品存在很大不同。

5.这些产品的制造商一般都有较强的实力，所以他们的产品更新换代比较快，能始终刺激消费欲望，从而提高顾客回头率。

做女士饰品项目时，拍照技能很重要。回想一下你在淘宝店中、微店、朋友圈中看到的那些饰品展示吧！华美的背景、精致的细节才能打动顾客。因此，做饰品生意时，你不仅要夺取市场考察行情和流行趋势，还要多学一些静物摄影知识，这样你才能获得顾客的关注。另外，因为饰品种类繁多，所以你还需要具备一定的库存管理能力。

一般来说，在各大城市中，都会有专门的饰品批发市场。但是如果你希望获得更多的进货来源，那么在条件许可的情况下，可以去小商品的海洋——义乌去转一转，即便你不能时常地去，但是在最初选定货源的时候，你最好多去几次，或多驻留一些日子。

或许你会因为饰品的种类繁多而占据了很大部分的库存资金，这是一项需要快速周转商品与现金流的项目，如果你不能保证商品的迅速流通，那么你就会陷入资金的困扰。但同时，因为饰品单价成本低廉的缘故，你反而并不需要太多的启动资金，大概几千元就可以开一家种类非常繁多的饰品店铺了。

在手机上做这样一个小店，你一个人就可以搞定所有的事情。但是如果你计划经营的是一家启动资金在2万元以上拥有大量饰品款式的店铺，那么你或许会需要一名帮助你整理库存以及发货的帮手，当然，你也可以雇佣一名兼职人员来协助你。

因为饰品种类繁多，而且多为小巧精致型产品，所以需要拥有良好的库存管理账目。发货时，一定要注意外包装要结实牢固，千万不要因为挤压或碰撞，导致包装内的物品发生损坏。

经常性地进行一些单品促销。在销售单价较高的商品时，一定要重点突出它们物超所值的特点，所以，精美的饰品照片，尤其是经由模特佩戴的饰品照片，会为你的店铺加分不少。当然，你也可以经常性地给顾客制造一点小惊喜，比如在顾客购买相对较贵的饰品时，赠送一个小礼品。

33. 手表生意赚钱

假如你拥有一定的手表行业从业经验，并且对各类手表的制造工艺、国内外行情拥有一定了解的话，你不妨尝试一下在网上销售手表。同时，如果你已经拥有了一家现实中的手表店，那么在网上开一家网络分店，相信一定会给你带来意想不到的惊喜，说不定通过努力，网店销售将会大幅度提高你的总销售额。

手表已经从单纯的实用性，变成了兼具实用与装饰为一体的精美饰品，正在有越来越多的人拥有着不止一块的手表。同时，赠送手表，也成为朋友、情侣、同事之间最好的选择。

这显然是一个绝对不会落伍的行业。

而如果你没有自己的手表店，也没有相关的从业经验，那么也没有关系，你可以先从代销开始做起，在淘宝上有很多的手表店，你可以选择其中一些你认为还不错的款式，在你的微信朋友圈中进行销售，从而积累经验。

手表属于相对较为贵重的商品，你需要拥有对手表的基本了解，譬如种类、产地、品牌等，这将有助于你在销售时与你的顾客达成基本的共识。

手表的进货很重要。首先，要就近选择手表批发市场，熟悉进货行情。新手入门资金少，没有必要舍近求远去找货源，节省额外开支；就算找到了厂家优势货源，这么点量，根本没有优势可言，花掉的路费也比省下的差价多。通常每个大点的城市都有手表批发市场，那里货源比单一厂家货要全得多，基本可以满足市场需求了，可以作为新手进货实践地。毕竟是刚入门的练习，有点资金可以作为体验和积累经验就够了。在拿货前，多花点精力对市场多做些了解，能少走不少弯路。以后对市场熟悉了，可以再向外拓展。

其次，瞄准目标手表货物，进货不要贪多。资金少，再被库存占掉一部分那就更麻烦了。在产品选择上要有一定的前瞻性：比如，春节前后重点要放在中高档手表上，拍摄处理上架销售的时间周期必须要考虑进去。越是热销的产品，流通越快，资金回笼和周转的也越快。更不要把自己用来进货的资金一次性投入，要考虑到后期的库存压货和补货。因为没有行业深厚的经验，要针对性地拿货，不要贪多，万一看走眼货物没拿准，也好尽快脱身。

再次，颜色款式岔开，实现资金优化。整手拿货，资金很少，就会集中在几个款式上，必然导致了产品面缩小，面窄了给客户的选择性就小了。网络销售模式的特殊性，决定了宝贝图片和款式实际颜色的重要性。手表颜色和尺码尽量分开拿。比如，有三个颜色三个款式，这样图片上就可以出现三个颜色，也清楚了三个尺码的具体尺寸了。既然资金少，就尽量实现它的最大化利用。

最后，商定退换事宜，做好周转准备。关于拿货时要和对方商定好退换事宜，已经是老生常谈了。这点非常重要，毕竟在很大程度上，它是决定资金周转快慢的最后环节。

如果你不是代销的话，无论在朋友圈、微信公众号还是淘宝上经营一个手表网店，都将会占用比较大的资金。要知道，手表是一个价格弹性非常大的商品，普通品牌中档手表的话，每块大概也需要百元以上的进货价格。一个拥有几十块甚至上百块手表的网店，大致会需要5～10万元以上的资金投入，因此我们建议新手可以采取代销加自营的模式经营。

如果你自己就已经很懂得手表的各种工艺，对手表行业也有所了解的话，那么你完全可以独自承担这个项目。

关于手表的库存，并不建议一次性采购数量多，虽然这可能会在每支的单价上享受不少折扣，但通常它会占用过多本来就不十分充裕的现金预算。最好的经营办法就是，在你家的楼下或附近，寻找一家手表专营店进行合作，将从他们那里获得的手表样品照片发布到网络上，当有人订货后，你再去店里订购并发货。

因为手表珍贵而脆弱的特性，所以商品的外包装一定要坚固，同时在手表与外包装之间，最好衬垫一些轻软的物品，以防止磕碰。

在朋友圈中发信息时，不要用商品信息刷屏，你可以定期发一些手表的鉴赏知识，甚至真假货的分辨，潜在的顾客会乐于接受这些信息，并因此增加对你的信任；此外，在一家讨论手表的论坛注册会员，并成为其中的专家，将会为你赢得更多的忠实顾客。

重视每一个顾客，要知道在手表等比较高档的商品销售中，回头客和口碑营销，是非常重要的销售手段。会员制、礼物馈赠等方式也适用于此类项目。

需要注意的是，千万不要贪图一时的利益，将一些质量低劣的手表销售给你的顾客，否则你将会在这个行业彻底消失。

34. 眼镜生意赚钱

每一个时髦的爱美的人士，都应该拥有至少一副以上的眼镜，它可以遮阳、可以避光、可以躲避别人的眼神、可以隐藏你的目光。它甚至可以什么功能都不用有，哪怕只有一副镜框都可以，就只是一个装饰品而已，你常常都会看到那些公众人物，经常会变化不同的眼镜出场，眼镜似乎已经成为了宣扬个性的重要点缀。

随着社会技术的飞速发展，随着人们文化、生活水平的不断提高，眼镜除了担负视力保健工作外，饰品的作用也日益深入人心，眼镜在人们生活领域中将要发挥更重要作用，并将拥有更大的市场。

在不久前的一份关于暴利行业的调查报告中，眼镜名列其中。也许有人会奇怪，一个小小的眼镜业，也能进入《十大暴利行业排行榜》？

中国的老年人已超过了1.3亿，上了42岁的人眼睛已开始老花，若再加上这个年龄段的中年人，实际上已超过了3.2亿人，这些人中90%的人都需要眼镜。中国的在校大学生为2000

多万人，其中至少80%的人需要眼镜。而且一个人对眼镜的需求不止一副，再加上眼镜为易碎品，损坏和更新率很高。眼镜业内的统计数字表明，中国对眼镜的需求每年在5亿副左右，这个需求已超过了中国电话的总门数。其每年的交易发生额超过了500亿元。

眼镜业里有这样一段广为流传的顺口溜：“20元的镜架，200元卖给你是讲人情，300元卖你是讲交情，400元卖你是讲行情”。而“一副眼镜，你戴3天就坏，属于使用不当，戴3个星期就坏，应该习以为常，如果过了3个月才坏，就算你大赚特赚”。

实际的情况是，镜片的成本是售价的10%都不到！眼镜业的利润是以多少“倍”来计算的，而且伪劣假冒防不胜防。

实际上，中国在珠江三角洲一带，已形成了强大的眼镜工业生产基地，其所生产的眼镜与国际名牌商品，无论外观还是内在质量，均已伯仲难分。在广州、北京、上海等地市面上号称韩国和日本进口的眼镜框架，特别是日本框架，基本上都是从珠三角进的货。这一地区的眼镜出厂价二三十元，到了眼镜店的柜台上，挂上韩国和日本进口的标签，就卖到了一两千元，这显然是一个暴利行业。

而销售眼镜，也一定会成为每个爱美女孩子最喜欢做的事情，哪怕你是一个男孩子，只要你喜欢追逐潮流，喜欢关注时尚，那么这也将是一项适合你经营的生意。特别要指出的是，眼镜是利润相对较高的一个行业。

如果你拥有一定的行业经验，可以销售一些视力矫正类眼镜，那么在售后服务的配件销售中，你也会获得不菲的收入。而如果你做的是单纯的装饰类眼镜，则没有什么特殊的技能需求。近视镜、老花镜、偏光镜等需要一些专业知识，建议拥有从业经验的人经营。特殊工种所需要的眼镜，譬如驾驶眼镜、强光眼镜等，由批发商培训一下就可以了。

在大多数的小商品批发市场中，都可以找到专门批发眼镜的摊位。

做眼镜生意，没有你想象中那么高的门槛，假如你并不想一开始就选择特别高档的眼镜，也并没有打算销售一些专业级别的眼镜，譬如视力矫正镜、运动眼镜、特殊工种眼镜的话，那么这并不是一项需要占用太多资金的项目。

大概的启动费用，4000～7000元就足够了，这基本上能够支撑200副眼镜的库存量了。

眼镜的库存没有什么太多技巧，你只需要注意它们易碎而脆弱的特性就可以了，而在物流中，也因此要特别加强包装的牢固性，并且要选择可靠性比较高的快递公司。

在推广时，爱美女孩子以及潮人们喜欢聚集的网站论坛、QQ群、博客都可以成为你推广的地方。

35. 箱包生意赚钱

箱包生意其实离我们并没有想象中那么遥远，很多人都会觉得箱包制作或采购会很繁琐，但其实这是一个适合大多数人操作的项目。

首先，箱包生意并没有太高的技术含量，你甚至不需要懂得太多的皮质知识，因为目前大多的中档箱包，都不是皮质的。

其次，箱包的价格空间很大，从进货价到零售价，这其中的空间，伸缩性大到足以令你很感兴趣。

此类项目赚取从厂商处拿货价格与出售价格之间的差价。

就像经营任意一家皮具商店一样，虽然箱包未必都是皮质的，但你还是应该了解一些基本的皮质常识，至少你该能够正确的区分各种类型的皮质、真皮和假皮，不过这些都不需要专门去学习，去网上搜索一些资料，或去皮具店跟老板学习一下就够了。

你还应该掌握一些基本的箱包保养常识，这将会让你在售后服务中成为顾客眼中的专家，要知道，有超过一半以上数量的回头客来自于卖家热情的解说，以及完善的售后服务。

每个中等以上城市的服装批发市场附近，都会有专门批发箱包的市场，如果你的城市很小，没有专门的箱包批发市场那也没有关系，你完全可以通过阿里巴巴之类的商贸网站进行箱包的采购。又或者，在项目启动前你可以去几次下面介绍的分布在北方、中原、南方的几个大型箱包批发市场，结识一些箱包批发商，然后定期邮寄一些他们的最新样包图片给你，也可以完成你的商品采购。

1.四川成都荷花池皮具市场。成都是中国西部商业重镇，是中国西部最重要的商品集散地。荷花池皮具批发城位于成都荷花池市场第十六交易区福天大厦。该市场位于荷花池中心，地理位置优越。皮具品牌集中，国内外近200个皮具品牌和名优皮革产品上千个品种集中在本市场内销售。商品销售远达西藏、重庆、云南、贵州，在四川省内各地、市、州、县都有该市场的商品销售。

2.广州桂花岗皮具市场。广州桂花岗皮具市场是全国规模最大、档次最高的皮具批发市场，也是全球最大的皮具批发市场，它云集了国内外5000多个皮具品牌，高中低档齐全。

3.浙江义乌皮具批发市场。浙江义乌皮具批发市场是华东六省一市最大的皮具批发市场和全国著名的小商品市场。据介绍，义乌小商品城销售额连续14年居全国之首，日均客流20万余人次，长驻外商8000余家，商品出口180多个国家和地区，是我国出口量最大的外贸采购基地之一，有“占领义乌市场，就占领全球市场”之称。

4.河北白沟箱包市场。白沟的十大专业市场中有箱包交易城及皮革、箱包辅料、五金饰件等为箱包服务的特色专业市场。箱包产品达20大类，1000多个花色品种。150家规模企业、3000多家个体加工企业形成了年产箱包1.5亿只的规模生产能力，产销量约占全国的1/5，成为全国最大的箱包产销基地。

5.辽宁南台箱包市场。南台箱包市场是东北地区最大箱包集散地。南台箱包市场形成于1980年，新市场建于1992年，总占地面积12000平方米，建筑面积30000平方米，拥有摊床1500个。拥有“真善美”“欧霸”“菊王”等国家省市名牌100多个，各种箱包款式达4000多种。市场周围还建有为箱包市场服务的各类门点近百个及高档精品档口300余个。市场日销售量20余万件，日成交额700万元，日上市人数2万多人，年成效额28亿元。在国内20余个省区设立直销点，产品已经打入美国、俄罗斯及东南亚部分国家和地区。

如果你距离箱包批发市场很近，那么只需要采购一些样品包回来拍照，上传到网店中，当有顾客订购时，你先将样品包邮寄出去，然后再去批发市场采购。这样做的好处是你可以占用最少的库存投入，但不好的地方也显而易见，当某款包在同一时间有超过一个以上的买家，你势必会因为断货而导致发货延迟，要知道，发货速度也是买家很在意的事情。

一家非常小型的箱包网店，在起步的时候甚至可以占用不到100只箱包的库存，以每只几十元计算，大概几千元就可以营业了。

箱包产品会很占空间，所以需要有一定的空间来存放你的商品。

在物流方面，箱包产品因为个体较大，所以你需要多洽谈一些快递公司，以取得最佳的快递费用。同时，因为体积较大，你一定要寻找信誉好的快递公司，以免他们的快递员将你的商品摔破或刮坏。有一种预防的手段，就是你自己加强箱包的包装，不过这样一来你的物流费用肯定是要增加了。

如果你的价格具有足够的诱惑力，那么你只需要在加强一下你面对女孩子时的推销能力就可以了。你会发现，购买包包的大多数都是女孩子，她们更换包包的速度超出你的想象。她们可能更在乎款式和价格，反而对质量不是特别在意，当然你的质量也不能太马虎。

36. 零食生意赚钱

随着人们生活水平的提高，零食行业在最近这些年，有了翻天覆地的变化，不仅在材料、品种、质量、花样上不断推陈出新，在销售方式上也有了突破性的变化。

随着网购在生活中的日益普及和深入，在网上买零食，似乎已经成了很平常的事情，天南海北的人都可以在网上找到自己想吃的可口美味，有很多是在家附近所买不到的，又或者是不愿意那么麻烦跑那么远去寻找，只需要点点鼠标，美味就可以送到嘴边了。

零食的货源或者是自产自销，或者是批发市场采购。

如果你能够手工制作一些零食，并且拥有相关证件的话，那么你就会拥有更大的利润空间，它们可能是来自半成品或原材料采购价与销售额之间的大幅盈利。如果你可以做到对所销售的美食拥有基本的认知，可以知道它们每一种的产地、材料、味道，那么会对你的销售推广以及售后有很大的帮助。而如果你是一个手工制作零食的小作坊，那么拥有一门制作某类零食的手艺，是必不可少的。

当然，去所在城市的食品批发市场，你可能会有更多的选择。你可以找到你所需要采购的产品，又或者更专门一些的零食，譬如栗子、花生、自制巧克力之类的产品，你可以费些心思找到一些制作作坊，然后与他们谈判供货协议。当然，你需要对他们的卫生和质量进行严格的考察。

做零食生意，所需的存放空间并不会太大。例如，一个在社区内开小型超市的老板，他的店铺面积仅有一个普通家庭的客厅那么大，大概只有20多平方米的样子，但产品非常丰富，尤其是受孩子与年轻人喜欢的零食很多。其商品采购成本，除食品饮料和生活食品（如方便面、面包、干面条等）外，只有零食的话，大概4000～5000元即可。

因为零食类商品的种类繁多，外包装也比较华丽，但实际上采购时候的成本并不高；同时，零食的利润空间也明显大于其他食品，而且，零食的库存周转频率也明显高于其他食品。同一个周期的话，主食或其他食品大概采购一两次，但是零食就需要最少四五次以上。

但零食又不能一次多采购太多：一是因为很多散装的零食存放时间过长会失去原有的味道和质感；二是避免过多库存

可以减少资金占用量；三是可以根据顾客需求及时调整产品种类。本项目所需资金不大，4000～5000元就可以开张了。

在项目启动初期，仅一人即可完成所有运营工作。这其中包括了进货、理货、网上交易、发货等流程。当然，如果你所销售的零食，并不是独立包装直接销售的，那么整理和包装零食也将是一项比较繁琐的工作，当发货量提升的时候，或许你需要一个帮手，协助你做好采购、分类、整理、包装、发货等工作。

关于库存的部分，其实在上面启动资金的案例里面已经有所提及，那就是尽量用比较少的库存和比较快的周转期，来减少销售上的风险。而你需要重点注意的大概就是物流了，因为零食是食用类的产品，所以在外包装上一定要牢固，千万不要在运送过程中出现包装损坏等问题。

在朋友圈、微信公众号及淘宝店销售零食，精致的食品图片，诱人的描述，是令你的顾客愿意第一次购买的原因，但如果你想要在零食这个行业里做好的话，那么质量和口感会更重要一些。记住，这也是一个需要回头客和口碑的行业。

做食品生意，产品质量一定要抓牢，一切都本着为顾客健康着想为出发点。如果是自制的零食，那么你还需要一些譬如卫生许可证之类的证件。另外，产品的保质期也非常重要，千万不要销售过期产品给你的顾客，你很可能会因为一宗投诉而丧失经营权，并且惹来很多不必要的麻烦。

37. 土特产生意赚钱

土特产是指某地特有的或特别著名的产品。广义的土特产，不仅包含着农林特产，而且也将矿物产品、纺织品、工艺品等包括进去，一般而言，它是来源于特定区域、品质优异的农林产品或加工产品，既可以是直接采收的原料，也可以经特殊工艺加工的制品，无论是原料还是制品，其品质与同类产品相比，应该是特优的或有特色的。

进入21世纪，国家大力支持土特产品网上交易，目前，像张家界茗茶网等一些优秀的土特产销售网站年销售额达到了数百万元，互联网的发展使得更多的人足不出户就能购买各地的土特产。所以，如果你所在的地区也有一些是其他地区所没有或极少的土特产，你不妨考虑做一家网上销售土特产的店铺。

在土特产的原产地就意味着你拥有一定的资源优势，你可以考虑批发一些半成品，然后自己加工封装后拿到网上来销售。同时当你的零售市场开拓到足够大时，你也不妨考虑做一下面向外省市的本地特产供货商。

你需要掌握基本的土特产知识，对所经营的土特产要有全方位的了解，包括起源、制作方法、保存方法、食用或二次加工方法等。如果你经营的是一家涵盖了二次加工和封装的网店，那么对产品的加工技能是你所必须掌握的，要知道，大多数土特产之所以闻名，一方面是因为产地；另一方面还是因为特殊的制作工艺。

在做土特产生意时，货源并不是就限制在你所在的地区，如果你相信某种土特产会有较好的利润，那么你也可以去该地踩点，并选择物美价廉的供货商。

一般来说，经营土特产不需要很多的资金，但是这首先要视你经营的是何种土特产。如果你在东三省经营山珍，那自然需要一定的资金，但如果你是在西北经营一些类似奶酪、牛肉干、果肉制品之类的土特产，那么你只需要几千元的资金就可以开始运营了。

同时，你如果在当地有一定的人脉，甚至还可以为本地一些专卖店或加工厂做网上代销，如此一来，你所需要支付的，仅仅只是上网工具的费用而已。

在经营的最初，你一个人就可以应付所有的工作。但是当你的经营开始走上正轨，还是增加一个帮手最好，他可以协助你做好产品分装和发货等工作，要知道土特产多数都不是包装完好的独立商品。

土特产的库存有很多的注意事项，最重要的当然就是防潮以及防虫，不过依据不同的土特产会有不同的库存要求，这一点需要你在经营该产品前进行详细了解。

独一无二的材料、品质和制作工艺，是土特产制品能够取得更多顾客多次光临的重要因素。看一下淘宝网上销售前几名的土特产店铺，就可以得知，物美价廉，同时来自土特产生产省份的店铺，会比来自其他省的店铺要更容易推广。尤其是食用类土特产，味道绝对是至关重要的，所以，经营土特产，最好的推广技巧就是顾客的口碑。在你的小店展示商品时，最好加上一些当地的实拍图，比如土特产的制作过程，这样更容易取得消费者的信任。

38. 保健品生意赚钱

随着生活水平的日益提高，人们在满足了物质的基本需求后，开始追求更高层次的物质和精神需求；同时，因为现代生活的环境和压力等因素，亚健康人群越来越大，这也直接导致了人们对保健类产品的需求大幅提升。

人们已经从过去的单纯的食补，转化成了现在的按需进补，前几年脑白金、黄金搭档、静心口服液等产品的旺销，就可以看出，保健品市场的巨大需求。已经有越来越多的男士、女士开始注意自身以及家人的保健了。

而这一切，随着网购的越发成熟，在网上开一间专卖保健品的店铺，也将成为你创业的一个选择。同时，由于这个行业的入行门槛不是很高，所销售的也多数都是完整的商品，因此，没有太多专业技能和行业背景的你，或许可以考虑一下这个项目。

保健品项目的优点是：由于多数保健品都是已经由商家进行了最终包装的完整产品，并且也通过各种渠道让大多数人都对这些产品有了一定认知，譬如各类维生素补品。所以省却了你二次加工，以及向顾客费力推销解释产品的过程。缺点也很明显，那么就是，你只能赚取从厂商处拿货价格与出售价格之间的差价。

在做这类生意时，有一定人体保健常识，是必要的。不过没有的话，也没有什么关系，大多数的保健品，在使用说明和宣传单上，都会注明它们的功效和适用人群。当然，如果你是一个医学科的专业人士，那么这个项目完全可以作为你的兼职来进行。你可以用你的专业知识，指导你的顾客选购适合他们的产品。

保健品的货源不难找，有一定实力和规模的保健品生产商，在各地都会有自己的代理，你所要做的，就是去找到这些代理商，然后从他们那里洽谈到一个合理的价格。

仅仅只是代销的话，这并不是一个需要很多资金的项目。如果你并没有该行业的成熟经营经验，那么在经营初期，也最好不要一下子就上架了很多产品，建议先从某一供货商的单系列产品开始销售，作为发展壮大的起点。譬如你可以选择某一类产品，是用来养颜的，还是滋补的，或者为了补充维生素等。

在库存方面，如果你距离供货商不是很远的话，每一类产品的库存只要足够3天销量就可以了，当然在最开始，你或许并不知道自己每天可以销售多少，此时应多去参考网店平台上其他经营类似保健品的店铺，研究对方的畅销产品，然后据此进行采购。

找到各类产品的潜在客户群，是你首先应该做的事情。譬如养颜类的，你应该多去一些OL常常会流连的论坛或圈子；譬如保健类的，你应该关注一下妇幼人群和老人群体；现在办公室综合症日益严重，因为缺乏锻炼和挑食，大多数白领们都进入了一种亚健康状态，你首先要找到这个销售点，然后根据这个销售点去寻找自己的目标客户，就容易得多了。

这同样也是一个很重视口碑和服务的项目，所以，良好的服务，以及会员制、礼物馈赠等方式，也适用于此类项目。

在销售的服务过程中，千万不要不懂装懂，在销售每一类产品之前，你一定要了解该类产品的功效以及适用人群，如果不能事无巨细地熟知，那么也千万不要信口开河与你的顾客乱说。同时，注意不要过分夸大产品的功效，要让你的顾客明白，适合的产品，以及适合的使用方法，才是获得最佳功效的方法。

39. 化妆品生意赚钱

近年来，随着国人审美情趣的变化，中国的化妆品零售市场一直在稳定增长，并且成为了全球范围内增长最快速的地区之一。2014年中国化妆品零售交易规模为2937亿元（含个人护理产品），其中网购化妆品占到了34%以上。以13亿人口估算，中国人均化妆品消费额从2011年27.81美元逐渐增长到了2014年的35.04美元。美国、日本、韩国这三个国家2014年化妆品市场人均消费分别为239美元、292美元以及220美元，仍存在6～8倍的悬殊差距。

爱美客化妆品购物网是一个销售各种化妆品的网站，而淘宝名妆燕子窝也是一个专业的化妆品销售店，它们的掌门人是同一位漂亮的MM——史燕。

史燕说，想从事化妆品网络销售，开始的时候主要是自己使用化妆品，到商场买又觉得太贵，于是就想到在网上找价格优惠的产品，因为自己一直从事网络方面的工作，对网上销售非常的熟悉，有过几次网购化妆品的经验后，发现价格差别好大。于是想着自己是否也能开个网店？通过亲戚朋友了解到了一些进货渠道，又做了网上销售化妆品的市场调查，觉得化妆品适合在网上销售，产品附加值高，物流也不麻烦。

而且，卖化妆品能为身边的人提供方便，与通过网络销售这两点并不冲突。能给身边消费者带来实实在在的优惠，那就也能给网上的网友带来优惠，关键是要进货渠道好，并且要保证质量。

我们建议最好是女孩子做化妆品生意，因为这项生意要求店主对化妆品了解较多、较细，而且还要有一定的时尚触觉和审美情趣。当然，这并非是必须的条件，只要通过学习，我们也可以了解基本的皮肤知识、护肤知识、相关产品知识以及一些常见的皮肤问题的解决办法，而只有成为顾客心目中的专家，才能赢得更多的回头客和良好口碑。

进货的选择，我们一般建议做品牌化妆品，这样比较有保障。你可以与化妆品专卖店洽谈，获得具有竞争力的代理商级别价格的产品，这个就要看你个人的沟通和谈判能力了。或者可以成为一些大型化妆品网店的代销点，赚取佣金，这是女孩子兼职的最佳选择，即满足了自己对化妆品的爱好，又可以赚到钱，一举两得。

如果你只针对某个品牌的系列化妆品进行代理销售的话，包括了代理费与首批货款，大概需要1万~3万元左右的资金。但是作为一个小型的网店，你最好先采购一批你自己认可或朋友圈子里广泛认可的某类产品来进行试销。这样的好处是，首先你对该产品比较熟悉，销售的时候懂得如何引导顾客，其次这个产品是经过了至少在你们朋友圈子这个市场的检验，一定程度上减小了滞销的风险。

化妆品的外包装通常都是瓶瓶罐罐的，所以库存时一定要注意轻拿轻放。同时在发送货物时也一点要注意外包装的牢固度，很多此类产品被顾客投诉的原因，最多的就是包装损坏。

网上销售化妆品技巧，就在于客服沟通的技巧。譬如客服遇到来刁难的客人该怎么办？下面介绍一些简单实用的沟通技巧，简称销售三步走：

第一步，要先了解顾客的需求。化妆品销售技巧要掌握关键步骤，了解客户，引导客户很关键。

第二步，引导顾客的需求变为购买动机，当你了解或分析了顾客的需求后，那么你就需要引导她的需求，将她的需求转变成购买动机，也就是让她明白自己的需求，这是很关键的一步，取决于你是否具备足够的自信和沟通能力，让你的顾客对你的建议产生信服。

第三步，重申顾客的需求，分析以及她最适合的那款产品的好处，促成交易。

只有你把自己锻炼成了一个护肤专家，并且能够让你的顾客对你产生信服感，那么再配合良好的客服沟通技巧，势必会拥有更多的回头客和良好口碑。

不要贪图一时的利益，经营所谓的仿版化妆品，化妆品不是箱包，化妆品是直接用到肌肤上的，而所谓的仿版其实就是假冒伪劣产品。

40. 个人护理生意赚钱

随着全民生活质量的日益提高，广大男性、女性对彰显个性化时尚品位的渴望，以及对时尚美关联产品、时尚美周边产品以及时尚美衍生产品的热力追捧，从而形成了美妆和个人护理用品业这个巨大的消费市场。

放眼目前国际美妆业和个人护理用品业市场的现状，众多国际资深品牌在品牌专有和特许发展的历程上已经走了很多年，无论是历史还是文化的烙印还有人文特色的积淀都得到了足够的弘扬和呈献。相比美妆和个人护理用品业已经在全球市场形成了相当的规模效应和绝对垄断优势而言，目前国内市场的美妆和个人护理用品业的发展不过短短几年的历史，尚属起步阶段。

或许是受香港时尚经济的影响，近两年来，很多内资资本和本土化妆品企业，都开始在美妆和个人护理用品业领域进行试水和小规模运作尝试投资，一方面在进行产品品牌和文化背景的提升和创新；另一方面就化妆品在经营模式上的不断地摸索和前行。

随着产品线结构的不断升级，价值感和形式感的有序延伸，2009年，在中国本土，一批优秀品牌开始在国内市场初露端倪，带有中国东方个性化主张的美妆和个人护理用品业的品牌有如雨后春笋般地开始生长，纷纷吹响了赞许时尚美的号角。

尤其是男性个人护理用品，发展势头之迅猛，让无数认为中国男人更趋于保守，让不太喜欢皮肤护理和保养的专家们大跌眼镜。

在这里的个人护理用品，包含了剃须刀、剃须液、电动牙刷、肌肤护理等各类非美妆类个人护理产品。

通常来讲，经营个人护理类产品并没有特殊的技能需求，只要在进货时具备基本的鉴别能力即可，不要采购了劣质或假冒的产品。

进货时，各大美妆及小商品批发市场以及日用电子批发市场，都可以采购到你所需要的产品。个人护理产品有很多，建议你选择其中一部分来作为重点产品。

该项目初期启动资金不必很多，一台可以上网的电脑是基本投资，3000元左右的货品就可以开始经营了。如果你还有一名伙伴，则启动资金建议增加到8000元左右。

在项目启动初期，仅一人即可完成所有运营工作。这其中包括了进货、理货、网上交易、发货等流程。不过这里是建议你至少拥有一名作为客服的伙伴，她最好是一个对个人护理相当在行的人，可以为你分担很多与顾客沟通的问题，而你，则把更多的心思放在产品采购与网店推广上。

当然，在创业初期，对市场还不能正确掌握和熟悉的情况下，最好先少量采购一些产品，甚至如果你距离商品批发市场不远的话，也可以把一些较贵的产品采取零库存的方式，先把产品照片发到网上，试探市场的需求情况，然后再根据顾客需求，来增加和调整库存。

在物流的选择上，喜欢在网络上购买个人护理品的用户，多半都是对时间比较挑剔的用户，所以快捷是第一首选，其次物流公司的态度也需要保障。

有意识地在各大网站的论坛上的相应版块发贴，特别是一些使用经验、产品介绍的帖子，将顾客带入你的店铺。

在朋友圈、微信公众号或者淘宝店发布宝贝时，一定要有一个吸引人的标题、一张清晰美观的照片、一个合理的价格

（参考同行）。此外，会员制、礼物馈赠等方式，也适用于此类项目。

不要让个人的喜好，成为采购时的决定因素，而是应该根据市场需求和潮流走向，来制订采购计划。

41. 床上用品生意赚钱

床上用品指摆放于床上，供人在睡眠时使用的物品，包括被褥、被套、床单、床罩、床笠、枕套、枕芯、毯子、凉席和蚊帐。这里所指的床上用品主要指纺织制品、绗缝制品和聚酯纤维制品，不包括毯子和凉席。

据中国家纺行业协会调查，中国家用纺织品市场还有巨大的发展空间，根据发达国家的纺织品消费量计算，服装、家用、产业用纺织品各占1/3，而我国的比例为65：23：12；而按照多数发达国家的标准，衣着消费与家用纺织品消费支出应基本持平，而只要家用纺织品人均消费每增加一个百分点，中国年需求就可增加300多亿元。随着人们物质生活水平的提高，现代家纺行业将有更多的增长。

中国拥有全球最大的消费人群，而且目前国人对家纺产品的消费观念也正在逐步变化，随着我国企业的设计和技术水平逐步提高，家纺市场巨大的消费潜能将被释放出来，未来几年，中国家纺市场预计将净增加2000亿～3000亿元的市场。

你可以成为专业的大型的床上用品类网店的导购或导航，将产品链接指向它们的网站，或赚取从厂商处拿货价格与出售价格之间的差价。而对床上用品有一些基本的认识，会有益于你与顾客的沟通。

采购时，你可以选择其他专业网站的在售商品代销，去床品批发市场进行采购。

如果你选择了做导航网站，那么你只需要支付网站建设和托管的费用，这类网站费用低廉，甚至可以租用空间，费用预算在3000～5000元。这样的话，你也不必在乎库存与物流，你所建设的是一个基于网络交易平台的导购网站，完全是在虚拟的网络世界中完成各项导购和促成用户交易。

但是假如你开办了一个拥有库存的网店，则你需要注意库存床上用品的干燥、防火等特点。在物流上并没有特殊注意事项，价格是第一考虑，信誉是第二考虑，速度也要重点关注，购买家居用品的人们，常常很在意物流速度。

我们重点要说的是推广技巧，适用于淘宝店、微信朋友圈、微信公众号。

1.发布宝贝时要有一个吸引人的标题、一张清晰或高清晰的照片、一个合理的价格（参考同行）。

2.在论坛上多看别人的空间，发帖回帖，注意不发广告帖，也会带来流量。

3.有意识地在各大网站论坛上的相应版块发帖，特别是一些使用经验、产品介绍的帖子，将顾客带入你的店铺。

4.进行有效的推广活动，比如直通车、淘客，或参与一些促销活动。

同样的，质量就是一切。现在很多黑心商家，在制作床上用品时采用劣质材料，甚至出现了很多“黑心棉”事件，所以采购时千万要注意这一点。

42. 家居清洁生意赚钱

并不是所有人在想要清洁家居的时候，都会聘请小时工来进行这个工作，越来越多的人希望通过亲自动手来实现家居清洁，即省钱同时也充满了家庭温馨。

尤其是接近年节，在传统习俗上，家家户户都有大搞卫生、洗涮一新迎接节日的习俗。家居清洁用品除了平常的销售外，在这种日子会由此而需求量大增。无论是大商场或是小商店，无论是线上网店还是线下实体店，无一不将扫把、地拖、清洁刷、抹布等家居清洁用品放在显眼的位置。很多商场还展开了清洁用品的促销活动，像洗衣粉、玻璃清洁剂等家庭常用的清洁用品，均打出特价优惠的招牌。小型日杂百货店除了充实这类清洁用品的品种之外，也以低价促销、薄利多销的方式吸引顾客。市场上普通扫把已低至1元/把，比往日价格还要低。

如今，人们的生活条件越来越好，家居清洁用品也因家庭用品的增多而细化。有地板专用的、有浴室专用的、有衣物专用的、有电器专用的，五花八门，应有尽有。而且，高档类清洁用品也渐受市民喜爱。例如，纯棉抹布、飘香清洁剂、集拖地、抹窗、擦家具于一体的多功能清洁刷等清洁用品也已进入平常百姓家。虽然这类用品的价格较贵，但胜在质量较好，不但实用而且耐用，因而受到广大顾客的青睐。

此类项目赚取从厂商处拿货价格与出售价格之间的差价。同时你也可以赚取为商家做网站推广的佣金。

货品来源较为广泛，首先是直接找到厂家的代理商或批发商，获得下一级的代理资格；其次是在各大商品批发市场，或有些城市可以找到专门的清洁用品市场，进行采购。

启动一个专门经营家居清洁用品的小店，假如你仅仅只是想在淘宝等交易平台上开网店的话，那么你所需要的费用只是库存产品的采购预算，可以控制在8000元以内。但是如果你希望开一家更大些、内容更广泛的独立网站的话，那么你的库存预算需要增加到2万元左右。同时，你还需要支付大约6000元以内的网站建设和维护费用。

在创业初期，你可以一个人完成所有工作。但如果你建设了一个大型的综合网站，那么你至少需要一名协助你进行网络推广和网站维护的伙伴。

在创业初期，对市场还不能正确掌握和熟悉的情况下，你最好先少量采购一些产品。甚至如果你距离商品批发市场不远的话，也可以把一些较贵的产品采取零库存的方式，先把产品照片发到网上，试探市场的需求情况，然后再根据顾客需求，来增加和调整库存。

家居清洁用品对物流的要求不是非常严格，你只要寻找到一家信誉不错的快递公司，进行长期合作即可，重点是不要让快递费用成为你销售产品时的障碍。

家居清洁类竞争较大，因此你要格外注意推广技巧：

1.建立自己的微信、微博及博客中介绍自己的店铺和产品，这会给你带来一定的流量。

2.淘宝论坛上多看别人的空间，发帖回帖，注意不发广告帖，也会带来流量。

3.在同行的客户中加他们为好友，注意不要贬低别人。

4.有意识的在各大网站论坛上的相应版块发帖，特别是一些使用经验、产品介绍的帖子，将顾客带入你的店铺。

5.进行有效的推广活动，比如直通车、淘客。

6.发布宝贝时要有一个吸引人的标题、一张清晰或高清晰的照片。

7.朋友圈中发一些使用清洁用品的小视频，让阅读者见证实际效果。

家居清洁用品的淘汰更新速度很快，你应该时刻掌握最新产品的流行趋势，同时将自己的库存控制在一定资金内。不要贸然地采购太多你不能确定销售行情的产品。建议库存周转期在2个星期左右。

43. 家居摆设生意赚钱

每个人都希望把自己的家打扮得拥有个性，那么一些有创意的家居小摆设用品，就受到了这些人的喜爱。并且，这种生意还非常适合在网上进行，大多数购买这类商品的都是年轻人，而现在年轻人已经习惯了在网络上购物。

做家居摆设生意不必需要什么技能，你只要有一个创业的决心就可以了，当然，如果能有一定的审美情趣就更好了。

家居摆设的所有产品，都可以在小商品批发市场采购获得。如果可能的话，你也可以专门去一趟义乌小商品批发市场，结识并洽谈一些长期合作的供货商。

经营家居小摆设网店，在初期时一般不需要太多的资金预算。一台能够上网的电脑，150～200件产品左右的库存，一台照相机，一些发送快递的纸袋、纸箱、封装胶带等。结合启动时对自我运营能力的评估，一家专营家居小摆设的网店，大概的启动预算需要3000～5000元。

尽量将你的库存控制在一定资金内，不要贸然地采购太多你不能确定销售行情的产品，建议库存周转期在2个星期左右。

如果你确定了要在朋友圈、微信公众号、淘宝开设一家家居小摆设店，那么首先应该确定网店推广的阶段目标。如在发布后1年内实现每天独立访问用户数量、与竞争者相比的相对排名、在主要搜索引擎的表现、网店被链接的数量、注册用户数量等。

其次在网店发布运营的不同阶段所采取的网店推广方法。如果可能，最好详细列出各个阶段的具体网店推广方法，如登录搜索引擎的名称、网络广告的主要形式以及媒体选择、需要投入的费用等。

最后是对网店推广策略的控制和效果评价。如阶段推广目标的控制、推广效果评价指标等。对网店推广计划的控制和评价是为了及时发现网络营销过程中的问题，保证网络营销活动的顺利进行。

此外，会员制、礼物馈赠等方式，也适用于此类项目。你也可以采取类似于“告诉我的朋友”之类的会员推广方式，令你的网站注册数量更快成长。我们可以看以下案例：

刚刚毕业的大学女生小舟，经历了找工作的疲惫之后，决定自己创业，经过调研和考察，她开设了一家集线下实体店与线上网点为一体的家居小摆设商店。

启动资金：5万元左右（包括房租）。

经济效益：月收入6000元以上。

经营秘笈：经营特色商品，“实体店”与“网店”相结合。

经营风险：商品另类，容易偏离市场。

开店创意：融入幽默的元素。

这家别具一格的小店的定位是“LIFE+生活概念”，其商品都来自泰国、德国、香港等地的家居用品，看着妙趣横生、用着也是妙不可言，因为设计者似乎将生活中的所有物品都注入了幽默的元素。这些家饰品其实就是工艺品，不仅造型独特而且实用，最重要的它们还是国外不同城市的文化缩影和“土特产”。

店主小舟认为，实体店和网店的结合将是未来商家经营的必然趋势，实体店开业不久，小舟又联系了一家专业的IT公司，为自己的小店建立了“LIFE+生活概念”网站，此后不长时间，小舟就通过网络接到了团购订单，而她所要做的就是在手机上动动手指。

家居摆设类商品对回头客和口碑的重视非同小可，因此如何吸引更多回头客是你服务的关键。此外，也不要让个人的喜好，成为采购时的决定因素，而是应该根据市场需求和潮流走向，来制订采购计划。

44. 美发用品生意赚钱

美发产品分为器械类和护理类，面对的用户范围非常巨大，可以是个人，也可以是美发店。现在有很多个人也希望通过在网店上购买了美发产品，从而在家中为亲人朋友进行美发。这是一个不算热门的市场，但如果你恰好是对这个领域感兴趣的人，那么不妨尝试一下将美发产品的销售放在线上进行。

这个项目所赚取的利润可以分为两部分：一是来自产品的销售；二是来自网站为商家做推广的收益。

为了更好地与顾客沟通，你应该是一个美发领域的专家，或者至少对美发产品有一定的了解。

如果你希望在朋友圈或者淘宝店销售，那么大量采购进货最便宜肯定是广州。下面介绍几个广州人气比较旺盛的美发产品市场：

1.广州美博城化妆品批发市场。交通畅顺，辐射力强，是一家规模宏大、造型优美、软硬设施一流的化妆品、美容美发、洗涤用品市场。目前，已有国内外400多家知名化妆品品牌厂进驻，各类产品琳琅满目，魅力四射。

2.广州兴发化妆品批发市场。主要经营化妆品、洗涤用品、美容美发用品的批发零售。

3.广州中人化妆品批发市场。主要经营化妆品、洗涤用品、美容美发器材的零售与批发。

4.广州怡发广场。主要经营化妆品、洗涤用品、美容美发器材的批发零售。

5.洗涤、化妆品、美容美发用品专业街。主要经营洗涤用品、化妆品、美容美发用品、器材的批发与零售。

你不在广州本地也不要紧，因为在网上找到那些美发产品的批发商，对于大量采购的店铺，他们的价格也是非常优惠的。

一家独立的美发用品网店，整体投资预算应该在3～5万元之间。同样不需要大量库存，最好随时根据市场需求来调整备货情况。当然，在创业初期，对市场还不能正确掌握和熟悉的情况下，最好先采购一些试销产品，来试探市场的需求情况，然后再根据顾客需求，来增加和调整库存。

你面向的顾客主要是女士群体，因为推广时也应该把握好目标：

1.在美容美发论坛或圈子中，尤其是美容美发店的交流论坛，你应该经常与大家交流，并赢得更多人的认同，她们或许都会成为你的顾客。

2.参与关于在线市场分析、广告或者你的客户所关心的新闻组和论坛。

3.制定一个全面的链接策略。从关于会议和活动策划的站点、合适的目录和总索引以及有针对性的搜索导航中，建立超级链接。从你的目标客户经常访问的合适的站点、目录以及总索引中，建立尽可能多的链接。

4.发起一个赞助商列表活动，来对流行的搜索引擎中的合适的关键词短语进行竞价。

5.在你的目标客户经常访问的站点上，发起一个战略性的横幅广告活动。

6.加一些女性购物QQ群，对你的推广也会有所帮助。

预计未来5年内，美容美发业的产值可翻一番，女性的美容消费支出也将翻一番，美容将持续成为民众消费的一大热点。

45. 婚庆用品生意赚钱

婚庆用品可以简单地理解为，婚庆活动所需的各种烘托气氛的道具，如婚礼背景、音响、音乐光盘、花廊、彩虹门、红地毯、喜庆红烛、演艺伴宴、条幅、乐队、放飞鸽子等。

不同的婚庆用品适用不同的场合，有着各自的寓意。使用婚庆用品的主要目的是来增添喜庆的气氛，让活动更加精彩。古往今来，婚礼都是社会生活中最隆重的庆典，是每对新人生命里的一座里程碑，意义不同一般。中国人对婚礼看得很重，即使你领了结婚证，但只要没办结婚喜酒，别人不认为你已经结婚。只有大宴宾客，在喜气洋洋的气氛中接受众亲友祝福，大家才承认你们结婚了。所以婚庆用品在婚礼上起到重要的角色。

对于喜欢热闹并且热衷于脸面工程的中国人来说，婚庆用品市场无疑是极具潜力的。

随着婚庆行业的不断发展，婚庆用品道具也是花样繁多。婚庆用品主要为婚礼现场增添气氛和效果。结婚是人生中的一件大事，婚礼当然也要办得风风光光的！准新人们都希望可以采购一些别出心裁或更能为婚礼增添效果的婚庆用品，这样才能办一场实用又时尚的婚礼。

打开电脑，点击鼠标，搜索网页，就可以尽情挑选东西，这就是网购带来的便利。例如，6月中旬准备结婚的公务员小杨已经在淘宝上淘了多件非常可爱的婚庆和生活用品，从最早要准备的请柬、喜糖盒、喜字帖等，到现在正陆续发过来的餐具、豆浆机、吸尘器、压缩袋等结婚和新房要用的东西大部分都是网购。

面对这个商机，假如你是一个对婚庆产品市场感兴趣的人，下定决心在这个市场中赢取一块属于自己的蛋糕吧！

做婚庆用品生意不需要特别的技能，只要对婚庆用品有大概的了解即可。常见的婚庆用品分类：床上用品（床单被罩、睡衣等，婚庆上多以大红色为主）、婚房布置（拉花、大红喜字、气球、婚房灯具、婚纱相册等）、婚车布置（鲜花、气球、卡通娃娃、红绸缎、喜帖）、酒店布置（气模拱门、红色地毯、电子礼炮、鲜花拱门、喜帖、路引、舞台背景、签到台、签到本、香槟塔、烛台、追光灯、泡泡机、冷焰火、手捧花）等。

货品可以去商品批发市场采购，或加盟一家专业的婚庆用品网店。

经营婚庆用品，在初期时一般不需要太多的资金预算。一个办公兼库房的房间（如果你有自己的住房则可以不计算房租费用），2万元左右的库存资金。

将你的库存控制在一定资金内，不要贸然地采购了太多你不能确定销售行情的产品，建议库存周转期在2个星期左右。

在物流的选择上，你要明白新人们对婚庆用品急不可待的心情，所以速度是最重要的。

做婚庆用品生意，也要注重宣传推广。除了口碑相传外，还要特别注意地面二维码推广，比如在鲜花店等一些地方张贴小店的二维码等。

婚庆用品的选品拥有个人特色极其重要，年轻一代总是渴望拥有一些不同寻常的东西，在一生一次的婚礼上更是如此，因此推出符合时下年轻人口味的婚庆用品与服务是经营关键。

46. 孕婴用品生意赚钱

孕婴用品就是指孕妇、婴儿用品。越来越受关注的孕婴用品催生了不少商业机会。一件防辐射肚兜288元、一身防辐射服598元、一套孕妇专用化妆品756元、一盒孕妇奶粉98元……

孕婴童市场将成就新的礼品市场。许多企业开始把礼品当作常规的竞争点，用价值战应对价格战，如日本的婴儿服饰用品市场，婴儿出生、节日的时候被作为礼品而卖出的销售额比率，高达80%以上。因此，即使在经济不景气时期，孕婴童市场也仍然充满巨大商机，成为新的财富亮点！

针对“80后、90后”准妈妈们的消费热潮，一些商家也很看好孕妇经济，“孕妇专用”产品种类繁多。随着人们生活水平的提高，孕妇装几乎成为每位准妈妈衣橱中的必备，这是一个不可忽视的市场，媒体将这一行业称为“大肚子经济”，它所具有的良好潜力和前景被所有人看好。而孕与产，是生命诞生的前后程序，“准妈妈”总要升级成“妈妈”，对于一生一次，一生一世，关乎未来的消费，孕、产、育三个环节的商机更加丰厚，形成一个广义的孕产育产品系列，其市场规模与价值不断刷新纪录，更难以衡量。

大多数家庭都是只有一个孩子，对于心肝宝贝的投资，双亲自然不在话下，包括双方的祖父母和外祖父母，就出现了

“六个钱包”聚集的倾向。

那么做云孕婴用品生意，有什么要求呢？一般来说，我们应对孕婴产品了解并且熟悉，对孕妇及婴儿的日常生活也有一定了解，这会对你与顾客的交流起到良好效果，更容易赢得顾客的信任。

加盟代理那些专营孕婴用品的商家，很多甚至可以不需要供货，只要为他们进行网店导航即可，这是那些希望获得兼职机会的人所乐意看到的形式。其他的情况，你需要亲自去孕婴用品市场采购。

孕婴产品行业是一个成本低、利润高的产业，实际的进货资金并不会非常高，库存资金预算在2万元左右已经足够支撑一个小型的店铺。

在创业初期，对市场还不能正确掌握和熟悉的情况下，你最好先少量采购一些产品。

甚至如果你距离商品批发市场不远的话，也可以把一些较贵的产品采取零库存的方式，先把产品照片发到网上，试探市场的需求情况，然后再根据顾客需求，来增加和调整库存。合理且值得推荐的做法是，将你的库存控制在一定资金内，不要贸然地采购太多你不能确定销售行情的产品，建议库存周转期在2个星期左右。

孕婴用品店一定要注重推广，然后尽量用妈妈们的口碑来带动销量。

1.有意识地在各大网站论坛上的相应版块发帖，特别是一些使用经验、产品介绍的帖子，将顾客带入你的店铺。现在市场上的母婴网站有很多，大致可以分为四类：第一类是母婴门户网站，比如太平洋亲子网，摇篮网，育儿网等，这些网站关注母婴急需的专业知识和内容，营造出专业的网上学习、交流氛围，得到了很大一部分妈妈用户的青睐；第二类是门户网站的育儿频道，做的比较好的是搜狐和新浪，搜狐以论坛见长，这两家网站也都尝试了母婴电子商务；第三类是以妈妈说、宝宝树为代表的web2.0社区，这类社区重视用户交流，通过用户创造内容是其典型特点，比较受妈妈们的认可。我们可以根据自身资源情况选择合适的网站做推广。

2.建立自己的微信公众号。这比较适合妈妈们，在公众号中可以分享宝贝的成长、育儿心得、商品使用体验等。这种销售不会引起顾客的反感，反而会增加彼此的信任。

3.如果是在淘宝网开店，那么可以进行一些有效的推广活动，比如直通车、淘宝客等。

47. 宠物用品生意赚钱

继旅游经济、教育经济、体育经济后，宠物经济风生水起，成为又一新兴产业。从2007年开始，众多国际权威的消费市场调研机构开始密切关注中国的宠物行业。中国的宠物数量在飞速增长，中国人对宠物的关爱日益浓烈。

世界范围内的宠物消费正呈大幅上涨趋势，亚洲市场被认为是最有希望的市场，而中国在亚洲宠物市场发展中占有重要比重。在2014年，中国的宠物犬、猫等各类宠物（不包括鸟、鱼）的总量已超过4亿只，宠物经济规模也达到了550亿。

中国的宠物数量还将继续保持高增长，因而为有利可图的宠物行业创造了新商机。如今，携爱犬漫步的典型西方生活场景，在中国的众多城市中已屡见不鲜。宠物商品，从宠物食品、宠物专用香波到宠物玩具，已越来越多地出现在各大超市的货架上。

做宠物用品生意，你需要对宠物有一定的了解，并且热爱这个行业。你应该成为一个宠物方面的专家，这样在与顾客交流时，对方才会信任你，进而信任你的产品。

那么，我们的货品来源是什么呢？第一种方法是找到宠物用品公司，成为代理商；第二种方法是自行去宠物用品市场采购。

代办一家宠物用品网店所需要的费用相对较低，假如你是在朋友圈或淘宝上销售，那么几千元就足够了。如果不是这样，你将要准备2万左右的库存产品预算。

必须说明，宠物用品生意不是一项兼职就能够全部完成的事业，不过在项目启动初期，仅一人即可完成所有运营工作。这其中包括了进货、理货、网上交易、发货等流程。

宠物食品的库存保管要注意保质期和防潮。同时要将将你的库存控制在一定资金内，不要贸然地采购太多你不能确定销售行情的产品，建议库存周转期在2个星期左右。

推广方面：

1.成为各个宠物论坛的活跃分子，会为你带来更多顾客。

2.建立自己的公众号，定期做一些试用装赠送活动，可以培养忠诚顾客群体。

3.有意识地在各大网站论坛上的相应版块发帖，特别是一些使用经验、产品介绍的帖子，将顾客带入你的店铺。

4.进行有效的推广活动，比如直通车、淘客。

5.发布宝贝时要有一个吸引人的标题、一张清晰或高清晰的照片、一个合理的价格（参考同行）。

48. 户外用品生意赚钱

随着生活水平的提高，自驾车郊游等旅游休闲方式正在被越来越多的人们所认可和推崇。不论是实体店还是网络店铺，销售户外装备的店铺已经比过去有了很大数量的提升，整体销售额度也连年创下新高。

我国户外用品行业在短短的10余年时间里迅速增长。一方面，在产业的快速发展过程中，本土品牌从无到有、从小到大，目前已占据了行业市场份额的一半；另一方面，自2000年以来，国际品牌就开始关注中国户外市场，并将其定位为未来的拓展方向。特别是国际金融危机爆发后，我国户外用品行业仍保持了近50%的增长势头。

据有关方面统计，目前在我国共有近500个户外用品品牌，4000余家经销商，通过注册的户外活动俱乐部有400多家。在发达国家，户外运动用品在运动用品零售总额中的比例高达15%～20%，而我国的比例只有1%，因此，我国户外用品业发展空间非常大。

户外装备主要指的是参加各种探险旅游及户外活动时需要配置的一些设备。这些装备包括：

户外包：登山包，腰包/挂包，旅行包，摄影包，钓鱼包，骑行包，洗漱包，生存包，钱包/卡包，手臂包，防水包，户外背包。

户外鞋：登山鞋，徒步鞋，高山靴，攀岩鞋，溯溪鞋，沙滩鞋/凉鞋，户外休闲鞋，雪地鞋胶鞋。

户外服装：冲锋衣裤，抓绒衣裤，速干衣裤，户外衬衣，户外T恤，迷彩衣裤，快干/保暖内衣裤，羽绒/棉服，滑雪衣裤，毛衣，风衣，休闲衣，骑装，马甲背心。

服饰配件：帽子，手套，头巾/护耳，户外眼镜，围巾/围脖，雨衣/雨披，雪套/套脚户外袜子。

野营出行装备：帐篷，睡袋，防潮垫/地席，水壶/水具，炉具，通讯/导航，刀具工具，手电筒/灯具，望远镜/眼镜，登山杖/手杖，毛巾/清洁防护，救生地图/书籍，野餐。

专项户外运动装备：户外体育用品，垂钓装备，登山/攀岩/攀冰装备，自行车越野装备，滑雪装备，水上船艇，潜水装备，冲浪/滑水风筝/滑翔伞，马术用品，滑板，蹦极用品，漂流用品。

自驾车用品：行李箱/包，行李架绳网，绑带，千斤顶，牵引绳，维修工具，急救包，置物箱，备用油桶，安全锤，胎压表，车载冷暖箱，车用充气泵。

山地自行车用品：山地自行车，折叠自行车，自行车组件，骑行服，骑行头盔。

滑雪用具：踏雪板，雪套，雪板（单板/双板）固定器，滑雪头盔，雪镜，滑雪手套，雪杖。

钓鱼用具：钓竿，渔轮，鱼刀，鱼线，鱼饵，钓鱼工具，钓鱼辅助配件。

旅行携带用品：衣物整理袋，鞋袋/鞋包，急救包/药盒，防水袋，杂物袋，捆箱带/绳防盗钱包，贴身腰包，贴身证件袋，洗漱包，旅行毛巾，旅行牙刷套装，免水洗手液，一次性用品，口腔护理，雨雪防护，便携餐具，旅行水瓶，行李包，晾衣绳，转换插头。

户外家具：木制户外家具，藤制户外家具，户外健身器械等。

户外用品涵盖的种类非常广泛，因此要求我们要储备一些户外运动的知识，对户外运动和野营具有非常了解的程度，对每项运动所需要的户外设备以及该设备的基本使用方法要做到熟知。如果你本身就是一名户外运动的爱好者，那自然再好不过，你不但拥有一批同样爱好的用户，同时你也更懂得如何选购性价比更高的产品。

货品的来源通常有两种：

1.代理品牌产品，但是通常这种经营方式，需要一定的启动资金。首先代理加盟通常都会收取加盟费或保证金，其次品牌产品的采购金额，也就是库存资金占用，通常要高于其他产品。

2.在服装批发市场、商品批发市场、户外劳保批发市场淘金，寻找到适合自己定位和销售思路的产品。

如果是第一种进货方式，鉴于品牌产品通常会收取一定的加盟费用，或者要求首次铺货的资金额度，所以你大概需要至少5万元以上的启动资金。但假如你选择了自行去各大批发市场进行淘货的话，那么你大概只需要一半左右的资金就可以开始销售了。

根据所销售产品的种类与数量来确定你是否需要合作伙伴，如果数量不是很多，那么你一个人来完成所有工作，可以省却一部分人工费用。

做户外用品生意不需要大量库存，最好随时根据市场需求来调整备货情况。当然，在创业初期，对市场还不能正确掌握和熟悉的情况下，最好先选择几个种类的一些产品，来试探市场的需求情况，然后再根据顾客需求与市场反馈来调整销售方向。

户外用品生意与其他生意不同，你不仅要在国内一些比较知名的户外网站进行推广（譬如“绿野”等，通过活动合作或者付费推广等方式），而且，你最好亲身参与到这些网站的论坛交流，并在可能的情况下参加一些线下活动，这是增加你人脉与用户数量的最好方式。

有一点要切记，不要为了利润而采购劣质产品，要知道户外运动设备，很多都关系着人身安全。

49. 动漫周边生意赚钱

随着现代传媒技术的发展，动画（animation或anime）和漫画（comics，manga；特别是故事性漫画）之间联系日趋紧密，两者常被合二为一称为动漫。

漫画通常是以书刊形式与大家见面，它轻松幽默、易阅读、读者年龄广，是在各式出版品中商业性最强的，应着漫画衍生而出的产品，其中之利润更是令人眼红。动漫产业日益与游戏产业结合紧密，在日本已经形成一个成熟的产业链，动漫已经从单单的平面媒体和电视媒体扩展到游戏机、网络、玩具、Cosplay服等众多领域。

在中国，从2004年起，动漫也迎来了产业的春天，从政府到社会各界对这个行业投注了前所未有的热情。每年举办一届中国国际动漫节，主办单位由国家广电总局以招标方式确定。同时，专家学者纷纷撰文，畅谈产业发展对于中国动漫的重要意义。在国家政策的推动、社会各界的关注、业界的努力下，一时间，动漫产业发展如火如荼，各个城市纷纷建立动漫产业基地，举办动漫展，制作动漫作品。因而，动漫市场还有较大发展前景。

动漫周边生意的盈利主要来自两个方面：

1.通过向用户售卖与动漫周边的产品，从而获得盈利。

2.通过制作和销售此类产品，获取的利润会远远高于上者。

假如你是一个动漫产品制作者，并且销售着自己制作的相关产品，那么你需要掌握一些动漫绘画技巧、服装服饰的制作等技能。当然，你可以不必这么费力，所有这些产品，在商品批发市场都可以采购到，只是它们或许不在同一个批发商处，那么你需要多付出一些努力。

另外，你可以直接去商品批发市场，或各类动漫产品展销会上寻找到专业制作和经营此类产品的生产商处，寻求加盟代理他们的产品。

此类项目有两种经营方式：一种是建立在微信公众号、微信朋友圈、淘宝等交易平台上的小型动漫产品网店；另一种是独立的B2C电子商务网站。在硬件设施上，前者你只需要一部智能手机，如果你愿意手抄快递单的话，甚至连打印机都可以省略；但后者意味着你需要建设和托管一个规模不小的电子商务网站，同时你还需要一些运营和维护网站的人员，以及客服、配货等职位。

采用第一种方式，你只需要几千元的资金就可以运营；而采用第二种方式，你需要至少10万元左右的资金才可以启动这个项目。

在项目启动初期，仅一人即可完成所有运营工作。这其中包括了进货、理货、网上交易、发货等流程。但实际上，动漫周边产品也可以是一个很大的项目，因此建议你最好能够寻求一些志同道合的伙伴，或者加大投资，雇佣一些员工。

动漫产品通常都是书籍或服饰，只有少部分异性服饰会比较在意库存保管方式，以及对快递包装的牢固性有严格要求。

在推广上，主要可以做的有以下方面：

1.将网址印在你送出去的名片、杯子、T恤、钥匙链等促销品上，它是每天提醒人们参观你网站的好方法。

2.不要忘记将你的网址放在你的黄页广告中，这是人们每天都看的地方。

3.将网址印在产品目录每一页的底部，以便客户能够方便地进入你的网站。

4.此外，会员制、礼物馈赠等方式，也适用于此类项目。

5.客户群体主要为14～30岁的年轻人，因此QQ群推广、QQ空间转发可能会有不错的效果。

50. 男士玩具生意赚钱

男人没有办法像女人一样去爱美，喜欢化妆打扮、逛街、购物、花哨的衣服和装饰品，男人的爱好似乎更另类一些，譬如军刀或者打火机。

最近这些年，男人们似乎越来越“晚熟”，很多二十几岁甚至三十几岁以上的男人，都还喜欢玩各种玩具，看各种卡通片，沉迷在长不大的乐趣中。有人说，这是现在社会的压力太大，男人们的一种逃避责任和压力的表现。

譬如打火机中的Zippo，已经不再仅仅只是为了取火的作用，更多的是满足男人们把玩和喜好的兴趣。Zippo（中文名称芝宝）是由美国Zippo公司制造的金属打火机。自20世纪30年代以来，它已经推出了数百种富有收藏价值的样式。乔治·布雷斯代（George G.Blaisdell ，1895～1978年)是Zippo的创始人，绰号“Mr Zippo”，就是他创造了代表雄性美感光和热的Zippo打火机。它除了实用性和防风的妙处外，每款Zippo都是一件艺术品，具有收藏价值。

但不管怎么说，这已经成为了一种新的商机。如果你也刚是一个志同道合的爱好者，那么你恰好可以利用这个机会，寻找到一份兼职或者创业的项目。

对于各类男人喜欢的玩意儿，军刀、打火机、烟斗等，你需要有一定的了解。这样你在与顾客沟通的时候，才能够更好的介绍产品。譬如军刀中的瑞士军刀、打火机中的Zippo等。

至于进货渠道，首先你可以找到你所在城市中出售这些产品的代理商，这样做的好处是拿货的价格比较理想，但未必每个产品你都可以拿到代理权限，所以有可能你还要去大的小商品批发市场寻找货源，这个也不是难事，只要你有耐心，还是可以在小商品批发市场的海洋中找到你所中意的商品的。

对于这类产品，不需要太多的启动资金，大概5000～6000元的库存产品即可。

男士玩具类生意的推广也要注意把握重点：

1.制定一个全面的链接策略。从你的目标客户经常访问的合适的站点、目录以及总索引中，建立尽可能多的链接。这些站点包括在线的所有的男士爱好相关的站点。

2.发起一个赞助商列表活动，来对流行的搜索引擎中的合适的关键词短语进行竞价。

3.参与关于在线市场分析、广告或者你的客户所关心的新闻组和论坛。

4.在你的目标客户经常访问的站点上，发起一个战略性的横幅广告活动。这些站点可能是与男人兴趣相关的。

5.将推广任务外包给一些专业的公司，你可以省下很多推广的精力。

特别提醒一下，对于刚刚入门的新手来说，识别真假Zippo打火机的确是件难事，因为现在假Zippo打火机也分三六九等，那些做工相对比较精良的假打火机，经常能迷惑住新人朋友们善良的眼睛。军刀也一样，仿货太多，所以一定要谨慎。

第三部分

时刻准备抓住互联网时代的商机

1. 移动互联网发展的三大趋势

现在PC端互联网市场已经日渐饱和，而移动互联网却正在蓬勃发展，一个属于移动互联网的时代已经到来！未来移动互联网的发展趋势是怎样的呢？

最近几年移动互联网成为当今世界发展最快、市场潜力最大的业务，它的增长速度已经超出了人们的预料。到2016年底，全球移动用户总数将达到20亿，这个惊人的数字反映了人们对移动性和信息的需求急剧上升，移动互联网也正逐渐渗透到人们生活、工作的各个领域，餐饮、移动音乐、手机游戏、视频应用、手机支付、位置服务等丰富多彩的移动互联网应用迅猛发展，这一切都在改变着我们的社会生活。因此，越来越多的人们希望能够分享互联网发展的红利，那么，移动互联网未来有哪些发展趋势呢？

1.移动搜索是主要应用

在移动互联网时代，流量是一切，因此搜索就成为了重

中之重，在未来，移动搜索仍然是移动互联网时代的主要应用。

2.一切智能化

智能手机带动各种智能家居，智能将成为不可阻挡的趋势，而基于手机的移动应用将成为连接一切的核心。

3.移动电商迅猛发展

在未来，移动互联网的用户规模和市场规模都将进一步扩大，并且保持高速增长，电子商务也将随之快速发展。市场用户进入者将增多（现在我们已经看到了这种趋势），服务形式也开始呈现多样性发展。

2. 未来，我们如何在手机上做生意

前文中，我们一起分享了移动互联网时代在手机上就可以做的50种生意，但实际上这些只是现阶段一些比较有代表性的生意模式，而运用互联网思维、发散你的想象力，在未来还有更多的商机需要我们去挖掘和发现！

1.移动互联网和传统制造业结合

未来十年，移动互联网与制造业结合必将成为一个大生意，软硬结合一定会让制造业重新起步，制造业必须智能化，才能连接未来，而创业者必须结合智能化才能赚到钱。这不是虚无缥缈的预测，而是即将到来的未来。4G+烽烟已经燃起，5G的研发试验也已经启动，在未来5G将满足人们对超高流量密度、超高移动性的需求，能够为用户提供高清视频、虚拟现实、增强现实、云桌面以及在线游戏等极致业务体验。4G、5G移动技术不仅让消费者的移动互联体验提速在即，也将带来相关产业链的新商机，例如智能屋智能家用电器、智能屋智能门禁、智能屋电动窗帘、智能屋家庭影院、智能防火、防盗等。我们的未来大有可为。

2.微电商与新零售模式

未来电商仍然将维持高速发展，但是电商也会随着信息技术的发展出现转变，比如传统电商将碰上天花板，电商销售可能出现新零售模式。比如，电商可以在线上将实体企业、店面的产品、服务等信息呈现给手机用户，并且线上与顾客销售对话；线下为消费者提供消费体验，社区将出现创新的“微服务”。这里面就有无数的商机，而且是我们每个普通人都可以触及的商机，只要有心就能够发掘到很好的赚钱机会。

3.O2O为王，连通线上线下

O2O将成为一个大趋势，移动互联网将彻底打通所有行业的线上线下：服务、医药、出行、社区生活……一句话，我们可以用移动互联连接一切。众多的消费者被引流到线上，商户则可以为消费者提供新的服务，消费者提高了自助性，各种应用则打通线上和线下服务渠道，致力于为用户提供个性化、全流程的服务体验。说的简单一点，O2O将完全改变我们的生活方式，因此在未来如果我们能从这个角度对O2O做细分化的考虑，将会发现更多商机。